# ストウブで無水調理 野菜

食材の水分を使う調理法／旨みが凝縮した野菜のおかず

大橋由香

誠文堂新光社

## はじめに

わたしは月に数回、ストウブを使った料理教室を主催しています。料理教室で伝えているのは"調理は手軽で簡単であるべき"ということ。家はレストランや料亭ではないので、凝った料理を毎日作ることはできないし、働いていると時間をかけて調理することも難しい。一生続く「食べること」だからこそ、"手軽で簡単においしい料理が作れる調理法"を駆使することが、料理を作り続けるための秘訣だと思うのです。

冷蔵庫にある野菜、肉、魚をストウブに入れて加熱するだけの無水調理は、そんな毎日にぴったりの調理法。

時間と火加減を調整した後、調理はストウブにおまかせなので、加熱中は別の作業をするなど時間を有効に使うことができます。そして、食材の水分で調理するので、味が薄れることなく旨みが凝縮し、調味料が最低限で済むので体にもいい。何よりどの料理もおいしい（これが一番重要ですね）。

この本では、無水調理のレシピのほかに、野菜の切り方、加熱方法、加熱時間によって調理の仕方が無限に広がる、無水調理の基本を紹介しています。調理の仕組みをマスターすれば、本に頼ることなく冷蔵庫の中身と相談して調理することができるようになり、ストウブ調理の簡単さや手軽さがわかれば、毎日作ることに追われていた料理が楽しみに変わる、なんてこともあるかも。無水調理に慣れてきたら、好みの食材を使い自由にアレンジした自分好みの一品をどんどん作ってみてください。レパートリーがさらに広がり、料理が楽しくなっていくはずです。この本を読んでくださる皆さんの料理が、少しでも楽になりますように。そんな願いを込めて。

大橋由香

# 無水調理とは、
# 水を加えずに調理をすること。

野菜や肉などの食材が持つ水分を使って、煮込みや蒸し調理を行います。

### 味付け

**食材 + 塩 → 食材の旨みが凝縮**

☞ **調味料が少量で済む**

塩を加え、蓋をして加熱することで、野菜や肉に含まれる水分がたくさん出てきます。この水分には食材の旨みがたっぷり。この水分を煮汁やだしがわりにして調理することで、シンプルな味付けでも深い味わいになります。また、新たな水分を加えていないので、少ない調味料でも味がしっかり決まります。

### 調理法

**中火 → 極弱火 → 放置（余熱調理）**

☞ **中まで味がしみ込む**

煮込み調理の場合、中火で調理→蓋をする→蓋の隙間から蒸気が出たら極弱火にして指定時間加熱します。この時、鍋の中では食材から出た旨みたっぷりの水分が水蒸気になり対流。鍋裏のピコを伝って、水滴となって食材に降り注ぎ、食材の中まで味がしみ渡ります。

☞ **煮崩れない＆光熱費節約**

厚みがあるストウブは、保温性が高く鍋の中の温度が下がりにくいのが特徴。ある程度加熱した後に放置すると、その間も余熱で調理が進められるので、食材が崩れず火を通すことができます。光熱費の節約にもつながり、他の作業をするなど時間の有効活用もできるのもうれしい利点です。

☞ 詳しい調理の手順は次のページへ ☞

# staubの特徴

無水調理ができるストウブには、他の鍋にはないさまざまな特徴があります。

**つまみ** 耐熱性があるので高温調理が可能。250℃まで加熱でき、蓋をしたままオーブンに入れられる。

**蓋** 重たく密閉性が高いので水蒸気が逃げにくい。実験により保水力の高さが証明されている。

### 鋳物(いもの)ホーロー鍋
厚手で保温性が高く、熱伝導に優れている。均一に熱が伝わり、温度が上がると冷めにくいので、弱火や低温での調理が得意。

### エマイユ（ホーロー）加工
外側に液状のガラスを2〜3層吹き付けることで、より耐久性や耐熱性に優れた製品に。カラーバリエーションも豊富に揃う。

### 黒マットエマイユ加工
内側の表面は凹凸のあるざらざらとした手触り。この加工によって、油なじみがよくなり、こびりつきや匂いうつりを防ぐ。

### ピコ
食材から出た水分を水滴に変える重要な部分。旨みを含んだ水滴がピコから食材に降り注ぎ、料理がふっくらジューシーに仕上がる。

---

## 無水調理の流れ

加熱（煮込み調理）する際の基本的な手順です。より簡単に調理するため、材料を入れてから火をつけるレシピもあります。

### ❶ 鍋に油を入れ温める

鍋に油を入れ、指定の火加減で加熱します。食材を入れる前に鍋と油をしっかり温めるのがポイント。少し煙が上がるくらいを目安にしてください。十分に温まってから材料を入れると、野菜や肉が鍋肌にくっつきにくくなり焦げつきの予防にもなります。

### ❷ 食材を入れ焼き付ける

食材を順番に入れていきます。まず、一番下に入れる食材（玉ねぎなど水分と旨みが出やすい食材）に焼き目を付けます。焼き目を付けることで水分と旨みが出やすくなり、煮汁に深みが加わります。すべての切り口に焼き目を付けるとおいしく仕上がります。その上に肉、きのこなどの食材を重ねて入れます。

### ❸ 調味料を入れ蓋をする

すべての食材を入れたら、その上から塩などの調味料を入れ、すぐに蓋をします。塩分を加えて加熱することで、浸透圧により食材の水分が外に出てきます。調味料は、最初は分量通り入れ、慣れてきたら好みの量にするなど調整してください。

## ☞ 鍋の中では…

浸透圧によって、塩をふった食材から旨みを含んだ水分がたくさん出てきます。水分は蒸気に変わって鍋の中で対流し、蓋の裏の突起（ピコ）をつたって水滴となり、食材に降り注ぎます。蒸気が鍋の中に充満し、圧力が最高潮に高まった時、鍋の隙間からうっすらと蒸気が漏れ出てきます。

火を弱めることで蒸気が止まり、鍋の中でうまく循環します。火力は弱くなりますが、❹と同様に調理が続いている状態です。途中で蓋を開けると、旨みを含んだ蒸気が逃げてしまうので注意。開けてしまった場合は、蓋をしてもう一度中火で加熱し、蒸気を出してから極弱火にしてください。

放置している間は、鍋の中の対流が落ち着き、鍋の余熱で調理が進みます。引き続き蓋から降り注ぐ水滴に浸かることで、さらに食材に味がしみ込んでいきます。放置時間は好みですが、できれば鍋が冷めるまで置くとよりおいしく仕上がります。

## ❹ 蓋の隙間から蒸気が出たら極弱火にする

蓋の隙間からうっすらと水蒸気が出てきたところで火を弱めます。火加減は一番小さな火力（極弱火）にしてください。極弱火にすることで鍋の中の水蒸気が対流し、一定の温度で調理が進みます。3口コンロの場合は奥にある小さな口を使用してください。

## ❺ 指定時間加熱する

極弱火にした後、レシピごとに指定された時間加熱します。最小の火加減にしますが、鍋の中は高い温度で加熱が続く状態になっているので、引き続き煮込みを続けられます。長時間加熱する場合は、タイマーをセットすれば時間を気にせず別の作業ができます。

## ❻ 火を止めて放置（余熱調理）する

鍋の厚みと保温性の高さにより、火を止めた後も一定の温度で調理を続けることができます。火を止めても調理は進むので、光熱費の節約になり、火加減を心配する必要がありません。一定の放置時間を経て、できあがり。食べる際は好みに応じて再度温めてください。

# 無水調理の食材

どんな食材を使ってもOK。炒める時は水分の少ない食材を、煮込む時は水分の多い食材を使うと失敗しにくくなります。

## 野菜・きのこ類

### ☞ 水分が出やすい

**トマト**

小さく切るほど水分が出やすくなるので、調理方法に応じて好みのサイズにカットしてください。ミニトマトは半分、4つ割り、丸ごとのまま使っても。

**玉ねぎ、ねぎ**

水分が出やすいので、多くの煮込み料理に使っています。繊維に対して直角に薄切りにすると、水分がより出やすくなります。しっかり焼き付けると旨みと甘さが増します。

**きのこ類**

水分と旨みをたくさん含んでいます。汚れが気になる場合はキッチンペーパーでふき取ってから入れてください。

### ☞ 炒めるとシャキシャキ、煮込めばとろりと仕上がる

**キャベツ、白菜、かぶ、大根、なす、もやし…**

炒める場合は千切りや細切りに、煮込む場合は大きめに切って鍋に入れて。短時間でさっと炒めるとシャキシャキの歯ごたえが残り、じっくり煮込むと他の食材の旨みを吸い込んでとろりとした食感に仕上がります。

### ☞ 煮込むとホクホクに

**じゃがいも、にんじん、れんこん、かぼちゃ、ごぼう、里芋…**

小さく切っても煮崩れせず、大きめでもホクホク食感のまま中まで味がしみ込みます。小さめの野菜は皮つきのまま調理するなど、好みに応じて切り方を変えてみてください。煮崩れが気になる場合は、鍋の一番上に置いて加熱を。

## 肉・魚・豆類

**豚肉・鶏肉**

ほどよく脂肪のついた使いやすい部位を選んでください。レシピの肉を別の肉に置き換えてもOK。小さく切ると旨みが外に出やすくなります。

**白身魚、練り物**

短時間の調理で旨みがたくさんしみ出る無水調理向きの食材。数種類の魚を一緒に入れると一層旨みが増して複雑な味に仕上がります。

**厚揚げ**

豆腐や厚揚げは、煮汁をたくさん吸いこんでふっくらとした食感に。ボリュームが出るので、料理のかさ増しをしたい時に便利です。

## 調味料

**油脂**

加熱する際に使用します。ピュアオリーブ油やごま油など、好みの油を選んでください。香りを楽しんだり、仕上げにかける時はエキストラバージンオリーブ油がおすすめです。

**粉類**

肉にまぶして加熱後に混ぜると、とろみがつきます。薄力粉、片栗粉、米粉など、どの種類を使ってもOK。最後にとろみをつける際は、水溶き片栗粉を加えるか、顆粒の片栗粉をふりかけてください。

**塩**

天然海塩と、仕上げ用の粗い天然海塩があると便利。塩の種類によって塩辛さが異なるので加減して使用してください。

**しょうゆ、酒など**

塩以外に入れる調味料。分量は好みで調整してください。

# 無水調理Q&A

**Q ストウブと他の鍋との違いは?**

A 完全無水調理ができるところ。そして煮込み料理はもちろん、炒める、揚げる、炊く、蒸す、燻す調理も可能。サイズ展開が多く、オーブン調理もできるなど、ひとつの鍋でさまざまな調理に対応できる万能な鍋です。カラーバリエーションの豊富さや、時々限定カラーが登場するところも魅力。

**Q おすすめのサイズや形は?**

A 本書では20cmを基本に14cmラウンドや、23cmのオーバルを使っています。初めて選ぶ際は、2〜3人用なら20cmか22cm、たくさん作りたい時は24cm、1人用には16〜18cmがおすすめです。形は、使いやすくて万能なラウンドが人気ですが、大きめの肉や長い食材を調理したい時はオーバル、魚料理にはブレイザーなど、作る料理や食材によって使い分けると便利です。

**Q 指定サイズ以外の大きさで作るには?**

A 20cmのレシピをサイズ違いの鍋に応用する場合、
・16cmを使う時は半量の食材と調味料
・24cmを使う時は倍量の食材と調味料
が入ります。食材の目安は「鍋の半分以上入っていること」。鍋の半分〜8分目に食材を入れて調理すると、鍋の中で蒸気がうまく対流し無水調理ができます。
指定サイズ以外の鍋を使う場合や、材料が鍋の半分に満たない時は、野菜や肉の分量を増やして半分以上になるよう調整してください。加熱時間は20cmのレシピと同様です。

**Q 無水調理に適した野菜、適していない野菜は?**

A ストウブは厚手の鋳物ホーロー鍋なので、じっくり火が入り野菜がとても甘くなります。なかでも玉ねぎは、加熱すると砂糖の代わりになるくらい甘みが出るので本書ではよく登場します。水分の少ない根菜類も、ストウブなら上手に無水調理できホクホクの食感に仕上がります。
適していない野菜はないと思いますが、葉物野菜はやわらかくなりやすいので、短時間で炒める、もしくは蒸すことをおすすめします。

**Q ストウブの熱源は?**

A ガス、IH、オーブンに対応しています。オーブンに入れる時は蓋をしたままでOK。炭火は弱火なら使用可能です(基本的に強火はNG、極弱火〜中火で調理)。電子レンジでは使用できません。

**Q 大きな鍋が1つあれば小さい鍋は不要?**

A 小さな鍋は熱回りが早く、鍋が温まるまでの時間が短いので、蒸気の出始めが早くなります。反対に、大きな鍋は蒸気が出るまでに時間がかかります。たくさん煮込めるというメリットはありますが、そのぶん調理時間が長くなります。大は小を兼ねないので注意してください。

**Q 鍋を買ったらまず何をすればよい?**

A 最初にシーズニング(油をなじませる作業)をすると長持ちします。まず中性洗剤とスポンジを使って鍋をよく洗い、乾いた布巾で水気を拭きとります。次にキッチンペーパーなどに食用油をとり、鍋の内側に塗り広げます。鍋を弱火にかけ、油が焦げ付かない程度に数分加熱して、鍋肌に油をなじませます。火を止めて熱が冷めるまで待ち、余分な油をふき取れば、シーズニングの完了です。
保管する際は、必ず乾燥させてからしまいます。濡れたまま置いておくと、蓋の裏と鍋のふちからサビが出てくる可能性があるので十分注意してください。

**Q ストウブで調理するとなぜ野菜がおいしくなる?**

A ストウブは、高い温度を長く保ったまま加熱できるのが特徴。ゆっくり、じんわり野菜に火が入ることで、でんぷん質が上手く糖化し甘くおいしくなるため、野菜の甘みが増し、おいしく仕上がるのです。

**Q なす、ごぼう、れんこんは水にさらしてアクを取ったほうがよいのでしょうか?**

A きれいな色に仕上げたい時は、水にさらしたほうがよいですが、家庭料理の場合はその必要はないかもしれません。料理を出す場にあわせて使い分けてください。

# 目次

- はじめに……………………………………02
- staubの特徴………………………………04
- 無水調理の流れ……………………………04
- 無水調理の食材……………………………06
- 無水調理Q&A………………………………07

## ◎定番野菜でいつもの一品

### じゃがいも
- ローズマリーポテト………………………11
- ツナチーズポテト…………………………12
- マッシュポテト……………………………13
- 丸ごとじゃがいものカレー肉じゃが……14
- じゃがいものきんぴら……………………16

### キャベツ
- 鶏キャベツのみそ鍋………………………18
- キャベツとえびのクミンオイル蒸し……20
- 蒸しキャベツのみょうが和え……………21
- ベーコンキャベツ…………………………22
- キャベツと鶏肉のカシューナッツ炒め…23

### 大根
- 塩鶏大根……………………………………25
- 大根のさばトマト煮………………………26
- 大根梅サラダ………………………………28
- 大根の辛みそ炒め…………………………29

### にんじん
- にんじんのバターロースト………………31
- ひらひらにんじんのチャンプルー………32
- にんじんのナムル…………………………33
- にんじんとさつまいものごま炒め………33
- 根菜ラタトゥイユ…………………………34

### なす
- 麻婆なす……………………………………37
- なすみそチーズ……………………………38
- 焼きなす……………………………………39
- なすと砂肝の塩レモン炒め………………40

### 白菜
- 白菜とひき肉の春雨煮……………………42
- 簡単八宝菜…………………………………43
- 焼き白菜……………………………………44
- 白菜とあさりのしょうが蒸し……………45

### [column] 乾物レシピ
- 切り干し大根のアラビアータ……………46
- うの花………………………………………46

## ◎食卓に野菜料理をもう一品

### ねぎ
- ねぎ豚………………………………………47
- ねぎのしらすおかか和え…………………48
- ささみねぎ…………………………………49

### れんこん
- れんこんパルミジャーノ…………………50
- 根菜と豚肉の甘酢あえ……………………51

### ごぼう
- バルサミコ肉きんぴら……………………52
- ごぼうとにんにくのオイル煮……………53

## ◎この本の決まりごと

- レシピ中の大さじ1は15ml、小さじ1は5ml、いずれもすりきりです。
- 分量外で材料が必要な場合は（ ）の中に分量を記載しています。
- 塩は天然海塩を使用しています。精製塩は塩辛くなるので、分量に注意してください。
- 成分無調整豆乳は、大豆固形分9%のものを使用しています。

使用する鍋の種類とサイズは以下のように記載しています。

ピコ・ココット ラウンド

ピコ・ココット オーバル

staub cooking manual vegetables

### かぶ
かぶと白身魚の酒蒸し ………………………… 54
かぶと鶏肉の豆乳クリーム煮 ………………… 55

### もやし
もやしとひき肉のナンプラー炒め …………… 56
もやしのホットナムル ………………………… 57

### かぼちゃ、ブロッコリー、アスパラガス
かぼちゃと厚揚げの煮物 ……………………… 58
かぼちゃの塩バターソテー …………………… 59
ブロッコリーのアンチョビバター …………… 58
アスパラとミニトマト、帆立てのソテー …… 59

### 【column】きのこのおかず
オイルツナきのこ ……………………………… 62
しょうがなめたけ ……………………………… 63
オイスターきのこ ……………………………… 63

## ◎野菜の揚げ物
里いもとれんこんのから揚げ ………………… 64
ゴーヤーフリット ……………………………… 66
マッシュポテトのカリカリ揚げ ……………… 67
アスパラとえびのかき揚げ …………………… 68
春菊と帆立てのかき揚げ ……………………… 68

## ◎季節野菜で作る旬のおかず

### 春
蒸しそら豆 ……………………………………… 70
そら豆の豚バラ蒸し …………………………… 71
新じゃがの煮っころがし ……………………… 72
グリーンピースと白身魚のレモンバター蒸し
………………………………………………… 73
芽キャベツのアンチョビ炒め ………………… 74
春野菜と鶏肉の食べるスープ ………………… 75

### 夏
蒸し枝豆のバジルソース ……………………… 76
焼きとうもろこし ……………………………… 77
ゴーヤーの豚みそ炒め ………………………… 78

### 【column】万能ソース&ドレッシング
トマトソース …………………………………… 80
豆乳のバーニャカウダソース ………………… 80
焦がし玉ねぎのドレッシング ………………… 80

## ◎野菜のポタージュ
玉ねぎのポタージュ …………………………… 81
里いもと長ねぎのポタージュ ………………… 83
かぼちゃとにんじんのポタージュ …………… 84
きのこのポタージュ …………………………… 85
さつまいものポタージュ ……………………… 86
かぶのポタージュ ……………………………… 86
トマトのポタージュ …………………………… 87

## ◎野菜のごはん
白米の炊き方 …………………………………… 88
とうもろこしご飯 ……………………………… 90
しょうがと大根飯 ……………………………… 90
野菜としらすのピラフ ………………………… 92
野菜のおこわ …………………………………… 93
丸ごとトマトのリゾット ……………………… 94
中華粥 …………………………………………… 95

---

・きのこは石づきを切り、洗わずに使います。汚れが気になる場合はふき取ってください。
・煮込む際の火加減は、特に記載がない場合は極弱火です。
・表示している調理時間はおおよその目安です。調理する器具や環境により変わりますので、様子を見ながら加減してください。
・冷蔵、冷凍の保存期間は目安です。なるべく早めに食べるようにしてください。
・ストウブの大きさと使う際の注意事項は表紙の表裏に記載しています。

# 定番野菜でいつ

## じゃがいも

さまざまな料理に使え、一年中ストックできる万能野菜。
切り方や調理法を変えることで、食感や味わいが変化します。

### じゃがいもの調理法

| | 蒸す | 炒める | 炒め蒸し | 煮る |
|---|---|---|---|---|
| **調理法** | ゆでるとは一味違う、ホクホクの食感になります。サラダに入れたり、つぶしてマッシュポテトにする時に重宝します。一口大に切ると食感が残ります。 | 手早くさっと火を通したり、他の食材と炒める際の調理法。細く、小さく切ることで火が通りやすくなり、短時間で調理できます。 | 中はふっくら、外はかりっと香ばしく仕上がります。周りを油でコーティングすることで崩れにくくなり、切った形をそのまま料理に生かせます。 | 他の食材と一緒に煮込む際の調理法。大きめに切っても煮崩れせず、中まで味がしっかりしみ込みます。 |
| **切り方** | <br>角切りなど | <br>千切り<br>細切りなど | <br>くし形切り<br>拍子切りなど | <br>一口大<br>小さめのじゃがいもはそのままなど |
| **調理の流れ** | 1 鍋に油を熱し、じゃがいもを入れて蓋をする。<br>▼<br>2 指定時間加熱する。<br>▼<br>3 指定時間放置（余熱調理）する。<br><br>完成<br>**丸ごと蒸す場合**<br>少量の水を入れた鍋にオーブンシートを敷き、蓋をして加熱します。 | 1 鍋に油を熱し、じゃがいもを入れる。<br>▼<br>2 全体を炒め、調味料を入れて蓋をする。<br>▼<br>3 蓋の隙間から蒸気が出たらひと混ぜする。<br><br>完成 | 1 鍋に油を熱し、じゃがいもを入れる。<br>▼<br>2 全体を炒め、調味料を入れて蓋をする。<br>▼<br>3 蓋の隙間から蒸気が出たら、指定時間加熱する。<br>▼<br>4 火を止めて放置（余熱調理）する。<br><br>完成 | 1 鍋に油を熱し、じゃがいもと他の材料を入れる。<br>▼<br>2 全体を炒め、調味料を入れてひと混ぜし、蓋をする。<br>▼<br>3 蓋の隙間から蒸気が出たら、極弱火にして指定時間加熱する。<br>▼<br>4 火を止めて指定時間放置（余熱調理）する。<br><br>完成 |

# もの一品

## staub recipe 1 ローズマリーポテト

多めの油で炒め蒸しにするだけで、フライドポテトのような食感になります。大皿に盛っておつまみに、アウトドアでの料理にもおすすめです。

staub 20cm

[材料：4人分]
- じゃがいも……………………5個
- ローズマリー…………………2枝
- オリーブ油……………………大さじ3
- 塩………………………………小さじ1

1 じゃがいもは皮をよく洗い、皮ごと8等分のくし形切りにする。
2 鍋にオリーブ油を中火で熱し、1を入れてよく炒める。
3 塩をふってひと混ぜし ⓐ、ローズマリーを上にのせて蓋をする。
4 蓋の隙間から蒸気が出たらひと混ぜし、蓋をして10分ほど加熱する。

## staub recipe 2 ツナチーズポテト

ツナとじゃがいもに溶けたチーズが絡んで、ピザのような味わいに。チーズの塩けとケチャップの酸味の組み合わせが絶妙です。

[材料:4人分]
じゃがいも……………………3個
玉ねぎ…………………………1/2個
ツナ缶詰………………………1缶(70g)
ピザ用チーズ…………………30g
ケチャップ……………………大さじ1
オリーブ油……………………大さじ2
塩………………………………小さじ1/2

**1** じゃがいもは皮をむいて1cmの棒状に、玉ねぎは繊維と直角に薄切りにする。ツナは缶汁をきる。

**2** 鍋にオリーブ油を中火で熱し、じゃがいも、玉ねぎを入れて軽く炒める。塩をふってひと混ぜし❹、蓋をする。

**3** 蓋の隙間から蒸気が出たらひと混ぜし、蓋をして極弱火で10分ほど加熱する。

**4** 火を止めてツナ、チーズ、ケチャップを入れ、蓋をして5分ほど放置(余熱調理)する。

## staub recipe 3  マッシュポテト

つぶし具合によってなめらかさが変わります。焼き目の香ばしさも混在。
ハンバーグやステーキに添えたり、パンにつけてどうぞ。

[材料:4人分]
じゃがいも …………………… 4個
牛乳 …………………………… 100ml
バター ………………………… 30g
オリーブ油 …………………… 大さじ1
塩 ……………………………… 小さじ1/2

1 じゃがいもは皮をむき、2cm角に切って水にさらす。
2 鍋にオリーブ油、水気を切った1を入れ、塩をふってひと混ぜし、蓋をして中火にかける。
3 蓋の隙間から蒸気が出たらひと混ぜし、蓋をして弱火で10分ほど加熱する。
4 上部のじゃがいもが木べらで押して崩れるくらい火が通ったら、バターを入れる。ひと混ぜして火を止め、蓋をして10分ほど放置(余熱調理)する。
5 牛乳を入れ、ハンドブレンダーでなめらかになるまで撹拌する❹。塩(分量外)で味を調える。

☞ p.67にアレンジレシピあり

## staub recipe 4 丸ごとじゃがいものカレー肉じゃが

玉ねぎから出た水分にとろみをつけて、濃厚な仕上がりに。少ない肉でもボリューム満点。
小さめのじゃがいもが手に入らない時は、普通サイズを小さく切って。

[材料：4人分]

| | |
|---|---|
| じゃがいも（小さめ） | 10個（約400g） |
| にんじん | 1/2本 |
| 玉ねぎ | 1/2個 |
| 豚ひき肉 | 150g |
| しょうゆ | 大さじ2 |
| みりん | 大さじ2 |
| カレー粉 | 小さじ2 |
| 水溶き片栗粉 | |
| 　片栗粉 | 大さじ1 |
| 　水 | 大さじ2 |

**1** じゃがいもはよく洗う。にんじんは乱切りに、玉ねぎは薄切りにする**ⓐ**。

**2** 鍋にしょうゆ、みりんを入れて中火で熱し、ひき肉、カレー粉を入れて混ぜる。肉に火が通り、ポロポロの状態になったら**ⓑ**、1を入れてひと混ぜし、蓋をする。

**3** 蓋の隙間から蒸気が出たら、極弱火にして15分ほど加熱する。

**4** じゃがいもに火が通ったら、火を止めて水溶き片栗粉を加えて混ぜ、とろみをつける。

☞ 直径3〜4cmより大きなじゃがいもは、半分に切ると火が通りやすい。

## staub recipe 5 じゃがいものきんぴら

材料が少なく、短時間で仕上がるので忙しい時に重宝します。
卵焼きに入れたり、ゆず胡椒を足して味を変えても。

[材料:4人分]
じゃがいも……………………3個
A
　しょうゆ…………………大さじ2
　みりん……………………大さじ2
　砂糖………………………小さじ2

1. じゃがいもは皮をむき、5mm幅の千切りにして水でさっと洗う。
2. 鍋に1とAを入れ、蓋をして中火にかける。
3. 蓋の隙間から蒸気が出たらひと混ぜし ⓐ、蓋をして極弱火で5分ほど加熱する。

# キャベツ

もう一品足したい時に使い勝手のいい野菜。短時間の調理でシャキシャキの食感に、大きいまま煮込めば甘みが増した、ボリュームのあるおかずになります。

## キャベツの調理法

| | 蒸す | 炒める | 炒め蒸し | 煮る |
|---|---|---|---|---|
| 調理法 | 食感とみずみずしさが残るよう、短時間で火を通します。1枚ずつ鍋に入れれば、ロールキャベツにも使えます。 | シャキシャキの食感を残したい時に。鍋の温度が下がりにくいので、高温のまま短時間で調理ができます。焼き目もおいしい。 | 油で炒めた後、キャベツの水分で蒸します。キャベツの甘さと香ばしさが味わえ、かさが減るのでたくさんの量が食べられます。 | 他の食材と煮込んだり、やわらかく食べたい時に。しっかり煮込めば芯まで食べられます。大きいまま器に盛ってボリューム満点のおかずとしても。 |
| 切り方 | | <br>ざく切り<br>細切りなど | <br>ざく切り<br>細切りなど | ざく切り<br>8等分など |
| 調理の流れ | 1 鍋に油を熱し、キャベツを入れて蓋をする。<br>▼<br>2 指定時間加熱する。<br><br>完成 | 1 鍋に油を熱し、キャベツを入れる。<br>▼<br>2 全体を炒め、調味料を入れて蓋をする。<br>▼<br>3 蓋の隙間から蒸気が出たらひと混ぜする。<br><br>完成 | 1 鍋に油を熱し、キャベツを入れる。<br>▼<br>2 全体を炒め、調味料を入れて蓋をする。<br>▼<br>3 蓋の隙間から蒸気が出たら、指定時間加熱する。<br>▼<br>4 火を止めて指定時間放置（余熱調理）する。<br><br>完成 | 1 鍋に油を熱し、キャベツと他の材料を入れる。<br>▼<br>2 全体を炒め、調味料を入れてひと混ぜし、蓋をする。<br>▼<br>3 蓋の隙間から蒸気が出たら、極弱火にして指定時間加熱する。<br>▼<br>4 火を止めて指定時間放置（余熱調理）する。<br><br>完成 |

# staub recipe 6 鶏キャベツのみそ鍋

野菜がたくさん食べられるレシピ。好みの野菜を足してもおいしくなります。味付けを塩にかえれば、塩鍋としても楽しめます。

[材料:4人分]

| | |
|---|---|
| キャベツ | 1/4個 |
| 長ねぎ | 1本 |
| しめじ | 1袋（約160g） |
| 鶏手羽元 | 8本（約500g） |
| A みそ | 大さじ2 |
| 　みりん | 大さじ2 |
| ごま油 | 大さじ1 |
| 塩① | 小さじ1 |
| 塩② | 少々 |

1 キャベツは3cm幅のざく切りに、長ねぎは斜め薄切りにする。しめじは石づきを切ってほぐす。手羽元に塩①をふる。Aは混ぜておく。
2 鍋にごま油を入れ、キャベツ、手羽元、しめじの順に入れる。塩②をふってAを加え❶、蓋をして中火にかける。
3 蓋の隙間から蒸気が出たら、極弱火にして30分ほど加熱する。長ねぎをのせる。

## staub recipe 7 キャベツとえびのクミンオイル蒸し

ふっくらとしたキャベツと、殻まで香ばしく食べられるえびの組み合わせ。
カイエンペッパーやチリパウダーを加えれば、ピリ辛に変化します。

staub 20cm

[材料：4人分]
- キャベツ ……………………… 1/4個
- えび（殻付き）……………… 8尾（約100g）
- クミンシード ………………… 小さじ2
- オリーブ油 …………………… 大さじ2
- 塩 ……………………………… 小さじ1

**1** キャベツは3cm幅のざく切りにする。えびは足を取り、背にはさみで切り込みを入れて背わたを取り、キッチンペーパーで水気をふく。

**2** 鍋にオリーブ油を中火で熱し、えびを入れて両面焼き付ける。クミン、キャベツを入れて全体に塩をふり、ひと混ぜして蓋をする。

**3** 蓋の隙間から蒸気が出たら、極弱火にして10分ほど加熱する。

## staub recipe 8 蒸しキャベツのみょうが和え

蒸したキャベツが甘くなる、サラダ感覚のレシピです。
スモークサーモンの代わりにツナを入れると、より手軽に作れます。

staub 20cm

[材料:4人分]
- キャベツ……………………1/4個
- みょうが……………………3本
- スモークサーモン……5枚(約50g)
- 白ごま………………………小さじ2
- 米酢…………………………小さじ2
- オリーブ油…………………大さじ1
- 塩……………………………小さじ1/2

1 キャベツは1cm幅に、みょうがは千切りにする。スモークサーモンは食べやすい大きさにちぎる ⓐ。
2 鍋にオリーブ油とキャベツを入れる。塩をふってひと混ぜし、蓋をして中火にかける。
3 蓋の隙間から蒸気が出たら、火を止めてひと混ぜし、5分放置(余熱調理)する。
4 ボウルに3、みょうが、サーモン、白ごま、米酢を入れて混ぜる。

## staub recipe 9　ベーコンキャベツ

ベーコンがない時は、豚バラ肉など脂のある肉で代用しても。
バターの代わりにオリーブ油を使うと軽く仕上がります。

[材料：4人分]

| | |
|---|---|
| キャベツ | 1/2個 |
| ベーコン（スライス） | 6枚 |
| タイム | 2枝 |
| バター | 20g |
| 塩 | 小さじ1/2 |

1 キャベツは4等分に切る。ベーコンは長さを半分に切る。
2 鍋にバターを入れる。キャベツの間にベーコンをはさみこみ、鍋に重ねて入れる ⓐ。塩をふってタイムをのせ、蓋をして中火にかける。
3 蓋の隙間から蒸気が出たら、極弱火にして30分ほど加熱する。
4 火を止めて30分放置（余熱調理）し、塩（分量外）で味を調える。

## staub recipe 10 キャベツと鶏肉のカシューナッツ炒め

材料を重ねて加熱するだけの簡単レシピ。
野菜や鶏肉から出た、旨みを含んだ煮汁にとろみをつけて一緒にいただきます。

[材料：4人分]
| | |
|---|---|
| キャベツ | 1/4個 |
| ピーマン | 2個 |
| 鶏むね肉 | 1枚（約300g） |
| カシューナッツ | 15g |
| しょうゆ | 大さじ1 |
| オイスターソース | 大さじ2 |
| 米粉 | 大さじ2 |
| ごま油 | 大さじ1 |
| 塩① | 小さじ1/2 |
| 塩② | 少々 |

☞ 米粉は片栗粉や薄力粉で代用可能。

1 キャベツは3cm幅のざく切りに、ピーマンは3cmの乱切りにする。鶏肉は厚さ約1cmのそぎ切りにし ⓐ、塩①、米粉をまぶす。
2 鍋にごま油を入れ、カシューナッツ、キャベツ、鶏肉、ピーマンの順に入れる。塩②、しょうゆ、オイスターソースを入れ、蓋をして中火にかける。
3 蓋の隙間から蒸気が出たら、蓋を開けて肉に火が通るまで2〜3分混ぜる。

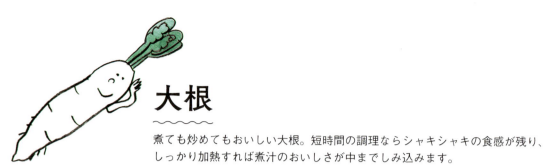

# 大根

煮ても炒めてもおいしい大根。短時間の調理ならシャキシャキの食感が残り、しっかり加熱すれば煮汁のおいしさが中までしみ込みます。

## 大根の調理法

### 調理法

**蒸しゆで**
大根を洗った時の水分で調理するので湯を沸かす手間が省けます。小さく、細かく切ると、より短時間で調理できます。

**炒める**
薄く切った大根の水分を閉じ込めたまま、短時間で調理します。油で炒めますが中はジューシー。焼き目の香ばしさも味わえます。

**煮る**
他の食材と煮込むことで、だしや旨みが中までしみ込みます。焼き付けてから煮ると、苦みや臭みがおさまるので下ゆでする必要がありません。

### 切り方

千切り
薄いいちょう切りなど

厚めの半月切り
厚めの輪切りなど

### 調理の流れ

**蒸しゆで**
1 大根を洗い、水滴をつけたまま鍋に入れ、蓋をする。
　▼
2 加熱する。
　▼
3 蓋の隙間から蒸気が出たらひと混ぜする。
　完成

**炒める**
1 鍋に油を熱し、大根を入れる。
　▼
2 全体を炒め、調味料を入れて蓋をする。
　▼
3 蓋の隙間から蒸気が出たらひと混ぜする。
　完成

**煮る**
1 鍋に油を熱し、大根を入れる。
　▼
2 大根を焼き付け、他の材料と調味料を入れてひと混ぜし、蓋をする。
　▼
3 蓋の隙間から蒸気が出たら、極弱火にして指定時間加熱する。
　▼
4 火を止めて指定時間放置（余熱調理）する。

完成

## staub recipe 11
## 塩鶏大根

大根に焼き目を付けると臭みがとれ、下ゆでをする必要がありません。小さく切れば加熱時間を短縮できます。副菜にする場合は、肉を1枚にして大根をメインにしてください。

[材料：4人分]
- 大根……………………………1/2本
- ゆず……………………………1個
- 鶏もも肉………………………2枚（約600g）
- みりん…………………………大さじ2
- オリーブ油……………………大さじ1
- 塩………………………………小さじ1

1. 大根は4等分の輪切りにする。ゆずの皮は薄くそいで千切りにする。鶏肉は4等分に切り、全体に塩をふる。
2. 鍋にオリーブ油を中火で熱し、大根を入れて両面を焼きつける ⓐ。鶏肉、みりんを入れて蓋をする。
3. 蓋の隙間から蒸気が出たら、極弱火にして30分ほど加熱する。
4. 火を止めて、蓋をしたまま冷めるまで放置(余熱調理)する。ゆずの果汁を絞り入れ、蓋をして中火で温める。ゆずの皮を飾る。

## staub recipe 12 大根のさばトマト煮

さばの脂にさっぱりとした大根とトマトがよく合います。
大根は焼き付けてから煮ると水っぽくなりません。

[材料:4人分]
| | |
|---|---|
| 大根 | 1/4本 |
| 玉ねぎ | 1個 |
| にんにく | 1かけ |
| さばの水煮缶 | 1缶(190g入り) |
| トマトピューレ | 1本(200g) |
| オリーブ油 | 大さじ1 |
| 塩 | 小さじ1 |
| イタリアンパセリ(お好みで) | 適量 |

1. 大根は2cm厚さの半月切りに、玉ねぎは1cm角に、にんにくは半割にする。
2. 鍋にオリーブ油を中火で熱し、大根を両面焼き付け、玉ねぎ、にんにくを入れてよく炒める❶。
3. 玉ねぎがしんなりしたら、さば(缶汁ごと)、トマトピューレを入れる。塩をふってひと混ぜし、蓋をする。
4. 蓋の隙間から蒸気が出たら、極弱火にして20分ほど加熱する。塩(分量外)で味を調え、お好みでみじん切りにしたイタリアンパセリをふる。

## staub recipe 13 大根梅サラダ

ゆでずに調理ができて手間いらず。
温かいままでも、冷やしてもおいしく食べられます。

[材料：4人分]

| | |
|---|---|
| 大根 | 1/4本 |
| にんじん | 1/2本 |
| 水菜 | 1束 |
| 油揚げ | 1枚 |
| 梅干し | 2個 |
| オリーブ油 | 大さじ1 |

1 大根とにんじんは5cm長さの細切りに、水菜は3cm長さに切る。油揚げはトースターなどで片面をカリッと焼き、3cm長さの細切りにする。梅干しは種を除き、包丁でたたく **ⓐ**。

2 大根とにんじんをざるに入れ、水にくぐらせる。水滴をつけたまま鍋に入れ、蓋をして中火にかける。

3 蓋の隙間から蒸気が出たらひと混ぜし、火を止めて3分放置（余熱調理）する。

4 ③をざるに上げて冷まし、水菜、油揚げ、梅干し、オリーブ油と和え、塩（分量外）で味を調える。

☞ 油揚げはフライパンでカリッと焼いても。

## staub recipe 14 大根の辛みそ炒め

シンプルな味付けですが、ごはんやお酒によく合います。
お好みで貝割れ菜を盛ると、さらにボリュームがでます。

*staub 20cm*

[材料：4人分]
- 大根……………………………1/4本
- 豚バラ薄切り肉………………200g
- 赤唐辛子…………………………1本
- みそ……………………………小さじ2
- ごま油…………………………小さじ2
- 塩………………………………小さじ1/2

1. 大根は1cm幅、3cm長さの棒状に切る。豚肉は2cm幅に切る。赤唐辛子はへたと種を除いて輪切りにする。
2. 鍋にごま油を中火で熱し、大根、豚肉、赤唐辛子、塩を入れてさっと炒め、蓋をする。
3. 蓋の隙間から蒸気が出たら、みそを入れてひと混ぜし、塩（分量外）で味を調える。

☞ 赤唐辛子はキッチンばさみで輪切りにすると簡単。

# にんじん

どんな食材とも組み合わせやすく、
ストウブで調理すると、甘みが増してホクホクの食感に仕上がります。

## にんじんの調理法

| | 蒸しゆで | 炒める | 炒め蒸し | 煮る |
|---|---|---|---|---|
| 調理法 | 洗ったにんじんについた水分で蒸しゆでにします。少ない水分で調理するので、甘みが増し歯ごたえが残ります。 | 薄く切ったにんじんに、さっと火を通します。短時間で調理できるので、忙しい時に最適。食感が残り、冷めてもおいしく食べられます。 | 少し大きめに切り、油で焼き付けて蒸し焼きに。ふっくら、ホクホクのにんじんが食べたい時におすすめの調理法です。 | 味をしみ込ませたり、他の食材と煮込みたい時に。大きめに切って入れても、味がしっかりしみ込みます。煮崩れしにくいのもうれしい。 |
| 切り方 | 千切り<br>薄いいちょう切りなど | 千切り<br>細切り<br>薄い半月切りなど | 拍子切り<br>輪切り<br>シャトー切りなど | 角切り<br>乱切りなど |
| 調理の流れ | 1 にんじんを洗い、水滴をつけたまま鍋に入れ、蓋をする。<br>▼<br>2 加熱する。<br>▼<br>3 蓋の隙間から蒸気が出たらひと混ぜする。 | 1 鍋に油を熱し、にんじんを入れる。<br>▼<br>2 全体を炒め、調味料を入れて蓋をする。<br>▼<br>3 蓋の隙間から蒸気が出たら指定時間加熱し、放置（余熱調理）する。 | 1 鍋に油を熱し、にんじんを入れる。<br>▼<br>2 全体を炒め、調味料を入れて蓋をする。<br>▼<br>3 蓋の隙間から蒸気が出たら、指定時間加熱する。<br>▼<br>4 火を止めて指定時間放置（余熱調理）する。 | 1 鍋に油を熱し、にんじんを入れる。<br>▼<br>2 全体を混ぜ、他の材料と調味料を入れてひと混ぜし、蓋をする。<br>▼<br>3 蓋の隙間から蒸気が出たら、極弱火にして指定時間加熱する。<br>▼<br>4 火を止めて指定時間放置（余熱調理）する。 |

完成

完成

完成

完成

staub cooking manual vegetables

# staub recipe 15 にんじんのバターロースト

砂糖をふったような、にんじんの甘さが楽しめます。
ハーブはお好みのものを選んでも。バターをからめてどうぞ。

staub 20cm

[材料：4人分]
- にんじん……2本
- バター……10g
- タイムなどのハーブ……少々
- 塩……小さじ1/2

**1** にんじんは5cm長さ、2cm幅の拍子切りにする。角は面取りする 。

**2** 鍋にバターを中火で熱し、1を入れて軽く炒める。塩をふってひと混ぜし、蓋をする。

**3** 蓋の隙間から蒸気が出たら、タイムを入れてひと混ぜし、蓋をして極弱火で10分ほど加熱する。

## staub recipe 16　ひらひらにんじんのチャンプルー

しょうゆと削り節の風味が香る一皿。
練り物はさつま揚げや好みの肉でも代用可能。

[材料：4人分]
| | |
|---|---|
| にんじん | 1本 |
| ピーマン | 2個 |
| 玉ねぎ | 1個 |
| 練り物（揚げ） | 4個（約200g） |
| 卵 | 2個 |
| しょうゆ | 大さじ2 |
| オリーブ油 | 大さじ1 |
| 削り節 | 適量 |

1. にんじんはピーラーで薄くスライスし、ピーマンは2cm大の乱切りに、玉ねぎは1cm幅の薄切りにする。練り物は食べやすい大きさに切る。卵は溶きほぐす。
2. 鍋にオリーブ油を入れ中火で熱し、玉ねぎを入れて軽く炒める。にんじん、ピーマン、練り物、しょうゆを入れてひと混ぜし、蓋をする。
3. 蓋の隙間から蒸気が出たら、卵を入れて混ぜる ⓐ。卵に火が通ったら削り節をかける。

## staub recipe 17 にんじんのナムル

短時間で調理するので、シャキシャキの食感が残ります。お弁当の彩りに。

[材料：4人分]

にんじん……………………………2本
ピーマン……………………………4個
A
  米酢………………………………小さじ2
  しょうゆ…………………………小さじ2
  ごま油……………………………大さじ1
  塩…………………………………小さじ1/2
黒ごま………………………………小さじ2

1 にんじんとピーマンは千切りにする。
2 鍋に①を入れ、中火にかけて蓋をする。
3 蓋の隙間から蒸気が出たら火を止め、Aを入れて混ぜる。
4 器に盛り、黒ごまをふる。

## staub recipe 18 にんじんとさつまいものごま炒め

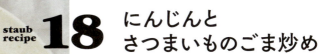

卵焼きに入れたり食パンにのせて、チーズを散らせばボリュームのあるトーストに。多めに作ってストックしておくと便利です。

[材料：4人分]

にんじん……………………………1本
さつまいも…………………………1本
しょうゆ……………………………大さじ2
みりん………………………………大さじ2
白ごま………………………………大さじ1
ごま油………………………………小さじ2

1 にんじんは5cm長さ、5mm幅の棒状に、さつまいもは皮つきのまま同じ大きさに切る。
2 鍋にごま油、①、しょうゆ、みりんを入れてひと混ぜし、蓋をして中火にかける。
3 蓋の隙間から蒸気が出たら、極弱火にして3分ほど加熱する。
4 ひと混ぜして器に盛り、白ごまをふる。

## staub recipe 19 根菜ラタトゥイユ

お好みの根菜をプラスすれば、ボリュームアップが楽しめます。
できたてにチーズを散らせば濃厚な味に早変わり。
冷やしてもおいしく食べられます。

[材料：4人分]
- にんじん……………………………………1本
- 玉ねぎ………………………………………1個
- れんこん……………………………………1節
- ごぼう……………………………………1/2本
- さつまいも………………………………小1本
- にんにく…………………………………1かけ
- トマトピューレ…………………………200g
- オリーブ油………………………………大さじ1
- 塩…………………………………………小さじ1
- パルミジャーノレッジャーノ（お好みで）‥適量

1. にんじん、玉ねぎ、れんこん、ごぼう、さつまいもは1cm角に切る。さつまいもは水で洗い水気を切る。にんにくは半割にしてつぶす❶。
2. 鍋にオリーブ油とにんにくを中火で熱し、にんじんと玉ねぎを入れてよく炒める。玉ねぎがしんなりしたられんこん、ごぼう、さつまいも、トマトピューレ、塩を入れてひと混ぜし❷、蓋をする。
3. 蓋の隙間から蒸気が出たら、極弱火にして15分ほど加熱する。
4. 塩（分量外）で味を調え、火を止める。お好みでパルミジャーノをかける。

# なす

旨みと味がしみ込みやすいので煮込み料理にぴったり。
炒める場合は、しっかり焼き付けると水分が出て、火が通りやすくなります。

## なすの調理法

| | 炒める | 蒸し焼き | 煮る |
|---|---|---|---|
| 調理法 | 薄く切ることで油がしっかりまわり、早く火が通ります。蓋をすれば鍋の中がなすの水分で蒸されたような状態に。香ばしい焼き目もつきます。 | 焼き目を付けるとなすから水分が出てくるので、油を足さなくてもしっかり火が通り、やわらかく仕上がります。大きめに切ってシンプルな味付けで。 | 煮込むことで、他の食材の煮汁と旨みをしっかりと含み、とろけるような食感に。かさが減るので多めに入れるのがおすすめです。 |

### 切り方

細切り
薄い輪切りなど

厚めの輪切り
半割など

大きめの乱切りなど

### 調理の流れ

**炒める**
1 鍋に油を熱し、なすを入れる。
▼
2 全体を炒め、調味料を入れて蓋をする。
▼
3 蓋の隙間から蒸気が出たら、指定時間加熱する。
▼
4 火を止めて指定時間放置（余熱調理）する。

**蒸し焼き**
1 鍋に油を熱し、なすを入れる。
▼
2 なすを焼き付け、調味料を入れて蓋をする。
▼
3 蓋の隙間から蒸気が出たら、指定時間加熱する。
▼
4 火を止めて指定時間放置（余熱調理）する。

**煮る**
1 鍋に油を熱し、なすを入れる。
▼
2 なすを焼き付け、他の材料と調味料を入れてひと混ぜし、蓋をする。
▼
3 蓋の隙間から蒸気が出たら、極弱火にして指定時間加熱する。
▼
4 火を止めて指定時間放置（余熱調理）する。

完成

完成

完成

## staub recipe 20 麻婆なす

しっかりした味付けの、ごはんが進むおかずです。
辛いものが苦手な人は豆板醤を抜いて作ってください。

staub 20cm

[材料：4人分]
- なす ……………………………… 3本
- 玉ねぎ …………………………… 1/2個
- しょうが ………………………… 1かけ
- 豚ひき肉 ………………………… 300g
- A
  - みそ …………………………… 大さじ2
  - みりん ………………………… 大さじ1
  - 甜面醤 ………………………… 大さじ1
  - 豆板醤 ………………………… 小さじ1
- 水溶き片栗粉
  - 片栗粉 ………………………… 大さじ1
  - 水 ……………………………… 大さじ2
- ごま油 …………………………… 大さじ2
- 塩 ………………………………… 小さじ1/2
- 長ねぎ（お好みで）…………… 適量

1 なすは乱切りに、玉ねぎとしょうがはみじん切りにする。
2 鍋にごま油となすを入れてひと混ぜし、中火にかける。なすがしんなりしたら塩をふり、ひき肉、玉ねぎ、しょうがを入れてひと混ぜし ⓐ、Aを入れて蓋をする。
3 蓋の隙間から蒸気が出たら、極弱火にして10分ほど加熱する。火を止め、水溶き片栗粉を加えて混ぜ、とろみをつける。お好みで刻んだ長ねぎを飾る。

## staub recipe 21 なすみそチーズ

田楽のような味と見た目の、ボリュームのある一品。
やわらかいなすと溶けたチーズの食感がよく合います。

[材料:4人分]
- なす……………………………3本
- A
  - 甜面醤………………………大さじ1
  - みりん………………………大さじ1
- ピザ用チーズ……………………50g
- オリーブ油………………………大さじ2
- 塩………………………………小さじ1/4
- イタリアンパセリ（お好みで）……適量

1. なすは3cm厚さの輪切りにし、両方の断面に5mm深さの格子の切り込みを入れる。Aは混ぜておく。
2. 鍋にオリーブ油を入れ、なすに片面ずつ油を付ける**ⓐ**。中火にかけて両面に焼き色をつけ、塩をふって蓋をする。極弱火にして20分ほど加熱する。
3. 火を止めてなすを裏返す。チーズをのせてAをかけ、蓋をして5分放置（余熱調理）する。器に盛り、お好みで刻んだイタリアンパセリを飾る。

☞ 鍋に対して食材の分量が少ないので、蒸気が出てくるのを待たずに極弱火にする。

## staub recipe 22 焼きなす

冷やして食べてもおいしい、シンプルなしょうゆ味の定番おかず。
お好みでしょうが、削り節をかけてどうぞ。

[材料：4人分]
- なす……………………………4本
- しょうゆ……………………大さじ1
- オリーブ油…………………大さじ2
- 塩……………………………小さじ1/2

1 なすは縦に半割にし、皮面に5mm深さの格子の切り込みを入れる❶。
2 鍋にオリーブ油となすを入れ、中火にかけて軽く炒め、塩、しょうゆをかけ、蓋をする。
3 蓋の隙間から蒸気が出たら、ひと混ぜして極弱火で10分ほど加熱する。
4 蓋を開けてひと混ぜし、火を止めて蓋をして5分放置（余熱調理）する。

## staub recipe 23 なすと砂肝の塩レモン炒め

セロリとレモンの香りがさわやか。さっぱりと食べられるシンプルな味付けです。
砂肝は銀皮をたつようにスライスすればとる手間が省けます。

[材料:4人分]
- なす……………………………3本
- セロリ…………………………1本
- 砂肝……………………8個（約160g）
- レモン………………………1/2個
- オリーブ油…………………大さじ2
- 塩……………………………小さじ1

1 なすは1cm幅の細切りに、セロリは斜め薄切りにする。砂肝は銀皮を断つように薄くそぎ切りにする。
2 鍋にオリーブ油となすを入れ、ひと混ぜして中火にかける。セロリを加えてなすがしんなりするまで炒め、砂肝を加える。塩をふってひと混ぜし、蓋をする。
3 蓋の隙間から蒸気が出たら、レモンを絞り、ひと混ぜする。

# 白菜

炒めるとシャキシャキ、大きいままじっくり煮込めばとろとろの食感に。
調理するとかさが減るので、多めに鍋に入れるとたっぷり食べられます。

## 白菜の調理法

| 調理法 | 炒める | 炒め蒸し | 煮る |
|---|---|---|---|
| 調理法 | 千切りや細切りにして、短時間で火を通します。全体はしんなり仕上がりますが、シャキシャキの歯ごたえが残ります。 | しっかり焼き付けると白菜の甘みが増し、少ない調味料で味付けができます。さっぱりと食べたい時に最適です。 | 白菜や他の食材から出る水分でじっくり煮込んでとろとろの食感に。うまみを含んだ煮汁を吸い込んだ葉は絶品です。 |
| 切り方 | <br>細切りなど | <br>細切り<br>1/8株など | <br>ざく切り<br>1/16株など |
| 調理の流れ | 1 鍋に油を熱し、白菜を入れる。<br>▼<br>2 全体を炒め、調味料を入れて蓋をする。<br>▼<br>3 蓋の隙間から蒸気が出たらひと混ぜする。 | 1 鍋に油を熱し、白菜を入れる。<br>▼<br>2 焼き付けるように炒め、調味料を入れて蓋をする。<br>▼<br>3 蓋の隙間から蒸気が出たら、指定時間加熱する。<br>▼<br>4 火を止めて指定時間放置（余熱調理）する。 | 1 鍋に油を熱し、白菜を入れる。<br>▼<br>2 他の材料と調味料を入れてひと混ぜし、蓋をする。<br>▼<br>3 蓋の隙間から蒸気が出たら、極弱火にして指定時間加熱する。<br>▼<br>4 火を止めて指定時間放置（余熱調理）する。 |
|  | <br>完成 | <br>完成 | <br>完成 |

## staub recipe 24 白菜とひき肉の春雨煮

野菜と肉から出た旨みを吸い込んだ春雨がジューシー。
白菜もひき肉もとろとろなので、煮汁ごと味わってください。

staub 20cm

[材料：4人分]

| | |
|---|---|
| 白菜 | 1/4株 |
| 鶏ももひき肉 | 300g |
| 春雨 | 30g |
| 片栗粉 | 大さじ1 |
| 塩① | 小さじ1/2 |
| 塩② | 小さじ1/2 |

1 白菜はよく洗って水気を切り、4〜5cm幅に切る。ひき肉は片栗粉、塩①を加えて軽く練る。

2 白菜の軸を鍋に入れ、1のひき肉を平らにのせⓐ、白菜の葉をのせる。全体に塩②をふり、水にくぐらせた春雨をほぐして上にのせ、蓋をして中火にかける。

3 蓋の隙間から蒸気が出たら、極弱火にして30分ほど加熱する。

4 春雨を煮汁に沈ませ、火を止め、蓋をして30分放置（余熱調理）する。

## staub recipe 25 簡単八宝菜

ご飯に合う中華のおかず。好みのきのこを加えるとさらにおいしくなります。お弁当のおかずとしても活躍します。

staub 20cm

[材料：4人分]

| | |
|---|---|
| 白菜 | 1/8株 |
| むきえび | 100g |
| きくらげ | 5g |
| 豚こま切れ肉 | 100g |
| うずらの卵（水煮） | 8個 |
| オイスターソース | 大さじ1 |
| 片栗粉 | 大さじ2 |
| ごま油 | 大さじ1 |
| 塩 | 小さじ1 |

1 白菜は3cmのざく切りにする。えびは背を包丁で開き背ワタを取る。きくらげは水で戻し食べやすい大きさに切る ⓐ。豚肉は3cm長さに切り、えびと一緒に片栗粉をまぶす。

2 鍋にごま油、白菜の軸の部分、豚肉、えび、きくらげ、白菜の葉の部分の順に入れ、オイスターソースと塩をふり、蓋をして中火にかける。

3 蓋の隙間から蒸気が出たら、極弱火にして5分ほど加熱する。うずらの卵を加え、とろみが付くまで混ぜる。

## staub recipe 26 焼き白菜

シンプルな味付けですが、白菜の甘味が感じられる一品です。
ソーセージなどを一緒に入れても。メインのおかずに添えてどうぞ。

[材料:2人分]

| | |
|---|---|
| 白菜 | 1/4株 |
| しょうゆ | 小さじ2 |
| オリーブ油 | 大さじ2 |
| 塩 | 小さじ1/2 |

1 白菜はよく洗って水気を切り、横半分に切る。
2 鍋にオリーブ油を中火で熱し、1の断面を焼き付ける。葉の外側を下にして置き、塩をふってⓐ蓋をする。
3 蓋の隙間から蒸気が出たら極弱火で15分ほど加熱する。しょうゆをかける。

☞ 23cmオーバルなら1/4株がそのまま入る。削り節をたっぷりかけても。

## staub recipe 27 白菜とあさりのしょうが蒸し

あさりの旨みが白菜にうつったジューシーな一皿。
きゅうりと一緒に煮汁も味わってください。

[材料：4人分]

| | |
|---|---|
| 白菜 | 1/8株 |
| きゅうり | 1本 |
| しょうが | 1かけ |
| あさり | 200g |
| オリーブ油 | 大さじ1 |
| 塩 | 小さじ1/4 |

1. 白菜ときゅうりは5cm長さの細切りに、しょうがは千切りにする。あさりは砂抜きをする。
2. 鍋にオリーブ油としょうがを弱火で熱する。香りが出たら中火にし、あさりを入れて軽く炒める ⓐ。白菜を入れて塩をふり、ひと混ぜして蓋をする。
3. 蓋の隙間から蒸気が出たら、極弱火で5分ほど加熱する。
4. 器にきゅうりを敷き、3をかける。

【column】

# 乾物レシピ

常備できる乾物と野菜を組み合わせた一品。
レパートリーに加えればもう一品足したい時に便利です。

## staub recipe 28
### 切り干し大根のアラビアータ

切り干し大根を洋風にアレンジしました。野菜の水分を切り干し大根が吸って、風味よく戻ります。

[材料:2人分]
- 切り干し大根 …………………… 15g
- 玉ねぎ …………………………… 1/2個
- にんじん ………………………… 1/2本
- なす ……………………………… 1本
- にんにく ………………………… 1かけ
- 赤唐辛子 ………………………… 2本
- トマトペースト ………………… 1本（約18g）
- オリーブ油 ……………………… 大さじ1
- 塩 ………………………………… 小さじ1/2

1. 切り干し大根は水に5分ほど浸けて水気を絞る。玉ねぎ、にんじん、なすは1cm角に切る。にんにくは半割にしてつぶす。赤唐辛子はへたと種を除く。
2. 鍋にオリーブ油、にんにく、赤唐辛子を入れて弱火で熱し、香りが出てきたら中火にして①の野菜を入れてよく炒める。しんなりしたらトマトペースト、切り干し大根、塩を入れてひと混ぜし、蓋をする。
3. 蓋の隙間から蒸気が出たらひと混ぜし、蓋をして極弱火で10分ほど加熱する。火を止め、蓋をしたまま10分放置（余熱調理）する。

## staub recipe 29
### うの花

小さめの鍋で作ってそのまま食卓へ。容器にうつせば冷蔵で4〜5日保存可能。もう一品ほしい時に役立ちます。

[材料:2人分]
- おからパウダー ………………… 10g
- ひじき（水煮） ………………… 110g
- にんじん ………………………… 1/2本
- しめじ …………………………… 1/2袋（約80g）
- しょうゆ ………………………… 大さじ2
- みりん …………………………… 大さじ2

1. にんじんは5cm長さの千切りに、しめじは石づきを切ってほぐす。
2. 鍋にすべての材料を入れ、蓋をして中火にかける。
3. 蓋の隙間から蒸気が出たら、極弱火にして10分ほど加熱する。ひと混ぜしてできあがり。

☞ 生おからを使う場合は50g程度入れる。

# 食卓に野菜料理をもう一品

## ねぎ

火を入れると甘みが出て、一緒に調理する食材をおいしくまとめてくれます。焼き目は香ばしく中はとろり、異なる食感が楽しめます。

## staub recipe 30 ねぎ豚

ねぎまをイメージした副菜。鶏肉でもおいしい仕上がりに。ねぎに焼き目をしっかり付けると香ばしさが楽しめます。

staub 20cm

[材料:4人分]

- 長ねぎ ……………………… 2本
- 豚バラかたまり肉 ………… 200g
  (または豚バラ厚切り肉(焼肉用))
- ごま油 ……………………… 大さじ1
- 塩 …………………………… 小さじ1

1. 長ねぎは3cm長さに切る。豚肉は1cm厚さに切る。
2. 鍋にごま油を中火で熱し、長ねぎを入れて焼き付ける。
3. 豚肉、塩を入れてひと混ぜし ⓐ、蓋をする。蓋の隙間から蒸気が出たら、蓋を開けて火が通るまで混ぜる。

# staub recipe 31 ねぎのしらすおかか和え

ねぎの甘みがしらすの塩気とよく合います。
短時間で完成するので、忙しい時の副菜におすすめです。

[材料：2人分]

| | |
|---|---|
| 長ねぎ | 2本 |
| しらす | 30g |
| 削り節 | 1袋（約2.5g） |
| 白ごま | 小さじ2 |
| ごま油 | 大さじ1 |
| 塩 | 小さじ1/2 |

1. 長ねぎは斜め薄切りにする。
2. 鍋にごま油を中火で熱し、長ねぎ、しらすを入れる。塩をふってひと混ぜし ⓐ、蓋をする。
3. 蓋の隙間から蒸気が出たら、極弱火にして5分ほど加熱する。
4. 器に盛り、削り節と白ごまをふる。

# staub recipe 32 ささみねぎ

淡白なささみを、ねぎの甘さと旨みで包み込みます。
ごま油に変えれば中華風に早変わり。ねぎがたくさん食べられる一皿です。

staub 20cm

[材料：4人分]

| | |
|---|---|
| 長ねぎ | 2本 |
| 万能ねぎ | 2本 |
| しょうが | 1かけ |
| 鶏ささみ | 4本 |
| 酒 | 大さじ1 |
| オリーブ油 | 大さじ1 |
| 塩① | 小さじ1/2 |
| 塩② | 小さじ1/2 |

1 長ねぎは斜め薄切りに、万能ねぎは小口切りに、しょうがは千切りにする。ささみは筋を取り、そぎ切りにして 塩①と酒をふる。

2 鍋にオリーブ油、しょうが、ささみを入れてひと混ぜする。上に長ねぎをのせて塩②をふり、蓋をして中火にかける。

3 蓋の隙間から蒸気が出たら、火を止めてひと混ぜし、蓋をして10分放置（余熱調理）する。万能ねぎをふる。

# れんこん

ストウブで調理すると食べ応えのあるホクホクの食感に。煮汁とよく絡めてあつあつを味わってください。

## staub recipe 33　れんこんパルミジャーノ

溶けたチーズとれんこんが好相性。黒こしょうがピリっときいてビールや赤ワインにもよく合います。

[材料:4人分]
- れんこん……………………2節（約400g）
- パルミジャーノレッジャーノ…30g
- オリーブ油……………………大さじ1
- 塩………………………………小さじ1/2
- 黒こしょう……………………適量

1. れんこんは皮をむき、2cm幅の棒状に切る。パルミジャーノはすりおろす。
2. 鍋にオリーブ油を中火で熱し、れんこんを入れる。湯気が出て全体に油がまわるまで2〜3分炒め、塩をふり❶蓋をする。
3. 蓋の隙間から蒸気が出たら、ひと混ぜする。蓋をして極弱火で10分ほど加熱する。
4. ひと混ぜしてパルミジャーノを入れ、蓋をして5分放置（余熱調理）する。黒こしょうをたっぷりふる。

☞ 早く火を通したい時は、れんこんを小さく切るとよい。

## staub recipe 34 根菜と豚肉の甘酢あえ

ボリューム満点で子どもも食べやすく、ご飯がどんどん進みます。
酢豚のような食感ですが、材料を揚げていないので手間がかかりません。

[材料：4人分]

- れんこん……………………1節（約200g）
- さつまいも…………………1本（約200g）
- 玉ねぎ………………………1個
- 豚こま切れ肉………………200g
- A
  - しょうゆ…………………大さじ2
  - 米酢………………………大さじ2
  - はちみつ…………………小さじ2
  - 塩…………………………小さじ1/2
- 水溶き片栗粉
  - 片栗粉……………………大さじ1
  - 水…………………………大さじ2
- オリーブ油…………………大さじ1

1. れんこんは皮をむき、さつまいもと共に乱切りに、玉ねぎは2cm角に切る。豚肉は食べやすい大きさに切る ⓐ。Aは混ぜておく。
2. 鍋にオリーブ油を中火で熱し、玉ねぎを軽く炒める。れんこん、さつまいも、豚肉、Aを加えてひと混ぜし、蓋をする。
3. 蓋の隙間から蒸気が出たら、極弱火にして10分ほど加熱する。水溶き片栗粉を加えて混ぜ、とろみをつける。

## ごぼう

太く切って調理すると料理の主役に、細く切れば煮汁と絡みやすくなります。変色が気になる場合は、あく抜きをしてから調理してください。

### staub recipe 35　バルサミコ肉きんぴら

和風の定番料理が洋風になります。バルサミコ酢を除けば塩味のきんぴらに。大きめにカットした材料にからんだ甘辛いたれが絶品です。

[材料：4人分]
- ごぼう……………………………1本
- にんじん…………………………1本
- 豚こま切れ肉………………100g
- バルサミコ酢……………大さじ2
- みりん………………………大さじ2
- オリーブ油………………大さじ1
- 塩………………………………小さじ1
- 白ごま………………………………少々

1. ごぼうとにんじんは斜め薄切りにする。豚肉は細切りにする。
2. 鍋にオリーブ油を中火で熱し、1、バルサミコ酢、みりん、塩を入れてひと混ぜし、蓋をする。
3. 蓋の隙間から蒸気が出たら、極弱火にして5分ほど加熱する。器に盛り、白ごまをふる。

# staub recipe 36 ごぼうとにんにくのオイル煮

ごぼうが中までやわらかく仕上がり、冷やして食べてもおいしい。
お好みでえび、帆立て、ブロッコリーなどを追加するとボリュームが増します。

**staub 20cm**

[材料：4人分]
- ごぼう……………………… 2本
- ミニトマト………………… 4個
- にんにく…………………… 2かけ
- オリーブ油………………… 100ml
- 塩…………………………… 小さじ1/2

1. ごぼうは5cm長さに切る。ミニトマトはへたを取る。にんにくは半割にする**ⓐ**。
2. 鍋にオリーブ油、1を入れる。塩をふってひと混ぜし、蓋をして中火にかける。
3. 蓋の隙間から蒸気が出たら、極弱火にして20分ほど加熱する。火を止め、冷めるまで放置（余熱調理）する。

## かぶ

短時間で調理するとみずみずしく、煮込むとジューシーでやわらかい食感になります。

## staub recipe 37 かぶと白身魚の酒蒸し

しょうがの香りがアクセント。かぶの水分と酒で魚を蒸すことで、かぶはホクホク、魚は身がふっくらと仕上がります。

[材料:2人分]
- かぶ……………………2個（約240g）
- 長ねぎ……………………………1本
- しょうが………………………1かけ
- 白身魚（真鯛など）の切り身……2切れ
- 酒………………………………大さじ2
- ナンプラー……………………小さじ2
- 塩……………………………小さじ1/2

1 かぶは8等分のくし形切りに、長ねぎは斜め薄切りに❶、しょうがは千切りにする。白身魚は塩をふる。

2 鍋に長ねぎを敷き、白身魚としょうがをのせ、周りにかぶを置く。中火にかけ、酒とナンプラーをふり、湯気が出たら蓋をする。

3 蓋の隙間から蒸気が出たら、極弱火にして3分ほど加熱する。

## staub recipe 38 かぶと鶏肉の豆乳クリーム煮

マスタードの塩気がきいています。ご飯にかけてどんぶりにしても。
スナップえんどうがない場合は、ほうれん草などの青菜で代用してください。

staub 20cm

[材料：4人分]

- かぶ……………………3個（約360g）
- 玉ねぎ……………………………1個
- スナップえんどう………………8本
- 鶏もも肉………………1枚（約300g）
- 成分無調整豆乳……………200ml
- 粒マスタード………………小さじ2
- 水溶き片栗粉
  - 片栗粉…………………大さじ1
  - 水………………………大さじ2
- オリーブ油…………………大さじ1
- 塩①………………………小さじ1/2
- 塩②………………………小さじ1/2

1. かぶは6等分のくし形切りに、玉ねぎは1cm幅の薄切りにする。鶏肉は8等分に切り、塩①をふる。
2. 鍋にオリーブ油を中火で熱し、玉ねぎ、鶏肉を入れて軽く炒める。かぶ、塩②を入れてひと混ぜし、蓋をする。
3. 蓋の隙間から蒸気が出たら、極弱火にして10分ほど加熱する。
4. スナップえんどう、豆乳、水溶き片栗粉を加えて混ぜ、とろみをつける。粒マスタードを加える。

# もやし

調理するとかさが減るのでたくさん食べられます。
食感を残すために、
短時間でさっと火を通してください。

## staub recipe 39　もやしとひき肉のナンプラー炒め

ピリ辛味でご飯が進みます。ラーメンや冷奴の上にのせてもおいしい。
ナンプラーをしょうゆに変えれば和風になります。

[材料:4人分]
- もやし……………………1袋(約200g)
- にら………………………1束
- 鶏ももひき肉……………200g
- にんにく…………………1かけ
- 赤唐辛子…………………1本
- ナンプラー………………大さじ1・1/2
- オリーブ油………………大さじ1

1. もやしは洗い水気を切る。にらは3cm幅に、にんにくはみじん切りにする。赤唐辛子はへたと種を除いて輪切りにする ⓐ。
2. 鍋にオリーブ油を中火で熱し、ひき肉、にんにく、赤唐辛子を入れて炒める。もやし、にらを入れて蓋をする。
3. 蓋の隙間から蒸気が出たら、ナンプラー、塩(分量外)で味を調える。

## staub recipe 40 もやしのホットナムル

ゆでるよりもしゃきっと仕上がり、サラダ感覚でさっぱりと食べられます。辛いものが苦手な人は赤唐辛子を抜いてください。

staub 20cm

[材料：4人分]
- もやし……………………1袋（約200g）
- ピーマン……………………………1個
- ロースハム…………………………5枚
- A
  - 米酢…………………………大さじ1
  - しょうゆ……………………小さじ2
  - ごま油………………………小さじ2
  - 赤唐辛子(粉末)…………小さじ1/2

1. もやしは洗い水気を切る。ピーマンはへたと種を取り除き縦に細切りにする。ハムは細切りにする。
2. 鍋にもやしとピーマンを入れ、蓋をして中火にかける。
3. 蓋の隙間から蒸気が出たら火を止め 、ハム、Aを入れてひと混ぜする。

**staub recipe 41**
かぼちゃと厚揚げの煮物

かぼちゃ
グリーンアスパラガス
ブロッコリー

少ない材料を短時間で調理するレシピです。忙しい時や時間のない時に覚えておくと便利。他の野菜に置き換えてもおいしくでき上がります。

**staub recipe 43**
ブロッコリーのアンチョビバター

staub recipe **42**
かぼちゃの塩バターソテー

staub recipe **44**
アスパラとミニトマト、帆立てのソテー

## staub recipe 42

### かぼちゃの塩バターソテー

火が通りやすく短時間でできあがります。
あまじょっぱいので、ご飯にもよく合い、
弁当のおかずとしても活躍します。

staub 20cm

[材料:2人分]
かぼちゃ……………………………… 1/4個（約400g）
バター………………………………………………… 30g
塩……………………………………………… 小さじ1/2

1 かぼちゃは1cm厚さに切る。
2 鍋にバターを中火で熱し、1を入れる。塩をふり、ひと混ぜして蓋をする。
3 蓋の隙間から蒸気が出たら、極弱火にして5分ほど加熱する。

## staub recipe 41

### かぼちゃと厚揚げの煮物

だしを入れずに、最小限の調味料で味付けができます。
かぼちゃは焦げやすいので
水気のある厚揚げを使うと
うまく作れます。

staub 20cm

[材料:4人分]
かぼちゃ……………………………… 1/4個（約300g）
厚揚げ………………………………… 1枚（約200g）
しょうゆ……………………………………… 大さじ2
みりん………………………………………… 大さじ2

1 かぼちゃは3cm大の乱切りにする。厚揚げは縦半分に切り、それぞれ3等分に切る。
2 鍋に1を入れ、しょうゆとみりんを回しかけ、蓋をして中火にかける。
3 蓋の隙間から蒸気が出たら、極弱火にして10分ほど加熱する。

## staub recipe 43

### ブロッコリーの
### アンチョビバター

アンチョビの旨みと塩気を含んだ
ブロッコリーが絶品。
キャベツ、パプリカ、カリフラワーでも
試してみてください。

**staub 20cm**

[材料:4人分]
ブロッコリー······················· 1株
アンチョビ························· 3切れ
バター····························· 30g

1. ブロッコリーは小房に分け、よく洗う。アンチョビはみじん切りにする。
2. 鍋にバターを中火で熱し、バターが溶けたらブロッコリーを入れ、蓋をして5分ほど加熱する。
3. アンチョビを入れて混ぜる。

## staub recipe 44

### アスパラとミニトマト、
### 帆立てのソテー

火の通りやすい野菜と帆立てを合わせました。好みの野菜をプラスしたり、いかや余った刺し身を入れても。

**staub 20cm**

[材料:2人分]
グリーンアスパラガス··············· 3本
ミニトマト························· 10個
帆立て貝柱(刺し身用)··············· 8個
オリーブ油························· 大さじ1
塩································· 小さじ1/2

1. アスパラガスはピーラーで下の硬い部分の皮をむき、5cm長さに切る。ミニトマトはへたを取る。
2. 鍋にオリーブ油を中火で熱し、1、帆立てを入れて塩をふり、蓋をする。
3. 蓋の隙間から蒸気が出たら、極弱火で5分ほど加熱する。

# きのこのおかず 【column】

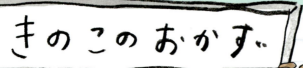

他の野菜と合わせて一品料理にしたり、メインディッシュの隣に添えて。
冷蔵庫で1週間ほど保存できるので、常備しておくと忙しい時に役立ちます。

## staub recipe 45

### オイルツナきのこ

パンにのせたりパスタに絡めて。残ったオイルは炒め物に、白米にかければご飯のおともになります。

staub 20cm

[材料：作りやすい分量]

- しめじ ……………………… 1袋（約160g）
- マッシュルーム ………… 1袋（約150g）
- にんにく …………………………… 2かけ
- 赤唐辛子 …………………………… 1本
- ツナ缶詰 ………………… 1缶（約75g）
  ※オイル、化学調味料無添加のもの
- ローリエ ………………………… あれば2枚
- オリーブ油 ……………………… 大さじ3
- 塩 ………………………………… 小さじ1/2

1. しめじは石づきを切ってほぐす。マッシュルームは半割りに、大きなものは4つ割りにする。にんにくは薄切りにする。赤唐辛子はへたと種を除き輪切りにする。
2. 鍋にオリーブ油、にんにく、赤唐辛子を入れて弱火で熱する。香りが出たら、きのこ、ツナを缶汁ごと入れ、中火にして塩をふる。ひと混ぜし、ローリエをのせて蓋をする。
3. 蓋の隙間から蒸気が出たら、極弱火にして10分ほど加熱する。

☞ 味がしっかりついているので、茹でたキャベツやパスタと和えるだけでもう一品ができ上がります。

## staub recipe 46
### しょうがなめたけ

えのきが安い時に買って作って保存しておくと便利。冷ややっこや焼いた厚揚げにのせたり、ほうれん草とあえればもう一品に。

[材料：作りやすい分量]
- えのきだけ………………………2袋（約400g）
- しょうが……………………………………15g
- 昆布………………………………1枚（2cm角）
- A
  - 酒……………………………………大さじ2
  - しょうゆ……………………………大さじ2
  - みりん………………………………大さじ2

1. えのきだけは根元を切り、3等分の長さに切りほぐす。しょうがはみじん切りにする。
2. 鍋にすべての材料を入れ、蓋をして中火にかける。
3. 蓋の隙間から蒸気が出たら、ひと混ぜする。

## staub recipe 47
### オイスターきのこ

ご飯がすすむ、中華風の味付けです。ゆでたもやしとあえたり、チーズと一緒に春巻きの皮で包んで揚げたり。まいたけやしめじ、えのきなどお好みのきのこで代用しても。

[材料：作りやすい分量]
- 生しいたけ……………………………………5個
- エリンギ…………………………1袋（約100g）
- 干しえび……………………………………15g
- にんにく……………………………………1かけ
- オイスターソース…………………………大さじ2
- ごま油………………………………………小さじ2

1. しいたけは石づきを切って細切りに、エリンギは半分の長さに切り細切りにする。にんにくはみじん切りにする。
2. 鍋にごま油、にんにく、干しえびを入れて弱火で熱し、香りが出たらしいたけ、エリンギを入れて中火にする。オイスターソースを入れてひと混ぜし、蓋をする。
3. 蓋の隙間から蒸気が出たらひと混ぜし、塩（分量外）で味を調える。

# 野菜の揚げ物

鍋が厚く油の温度が下がらないので、外はカリッと、中はふっくらと揚げ上がります。
旬の野菜を揚げて味と食感を楽しんでください。

### staub recipe 48
### 里いもとれんこんのから揚げ

里いもはねっとり、れんこんはしゃきしゃきとした異なる食感に。
カレー粉や抹茶を混ぜた塩でシンプルに味わって。

[材料：4人分]
里いも･･････････････3個（約200g）
れんこん･･････････1節（約200g）
片栗粉･････････････････大さじ3
揚げ油･････････････････････200㎖
塩･･････････････････････････適量

蒸気が出ているうちは
蓋を開けない

**1** 里いもは皮をむいてよく洗い、キッチンペーパーで水気をふいて一口大に、れんこんは一口大の乱切りにする。それぞれに片栗粉をつける。

**2** 鍋に油を入れて中火にかけ、約180℃に熱する。

**3** 1を3～5個入れ、すぐに蓋をして5分加熱する。途中、蓋の隙間から蒸気が出たら、極弱火にする。

**4** 蒸気が止まったら（約5分経ったら）、スライドさせるようにさっと蓋を取る。中火に戻し、野菜を裏返す。蓋を開けたまま3分ほど加熱する。

**5** 表面がカリッとしてきつね色になったら、取り出して油を切る。残りも同様に揚げ、塩をふる。

- 14㎝を使用しているが、かき揚げ（p.68参照）以外は他の大きさの鍋でも作れる。油の分量は鍋の1/3の深さを目安にする。
- 具材を油に入れる量は、隣同士がくっつかず、油の温度が下がりづらい個数が目安。
- 油が足りなくなった場合は途中で足す。何度も揚げていると油の量が少なくなり、高温になることがあるので注意する。
- 蓋を取る際は、蓋の裏についた水滴が油に落ちてはねないようすばやくスライドさせる。取った蓋は、濡れた布巾の上に置くとよい。

ストウブで無水調理　野菜　　　　野菜の揚げ物

## staub recipe 49 ゴーヤーフリット

分厚く切っても周りはサクサク、中はふんわりと揚がります。
ほどよい苦みが心地よく、ビールによく合います。

staub 14cm

[材料：2人分]
| | |
|---|---|
| ゴーヤー（にがうり） | 1本 |
| 米粉 | 50g |
| 炭酸水 | 50㎖ |
| 揚げ油 | 200㎖ |

1 ゴーヤーはよく洗い、端を落として種ごと1cm幅の輪切りにし、米粉（分量外）をまぶす。鍋に油を入れて中火にかけ、約180℃に熱する。

2 米粉と炭酸水を箸で混ぜ、衣を作る。ゴーヤーを入れて衣をつけ、3個ほど油に入れる。蓋をして3分加熱する。途中、蓋の隙間から蒸気が出てきたら、極弱火にする。

3 3分経ったら、スライドさせるようにさっと蓋を取る。中火に戻し、ゴーヤーを裏返す。蓋を開けたまま3分ほど加熱する。表面がカリッとしてきつね色になったら、取り出して油を切る。残りも同様に揚げる。

☞ 同様の手順で、まいたけなどのきのこのフリットも作れます。

## staub recipe 50 マッシュポテトのカリカリ揚げ

たくさん作ったマッシュポテトでもう一品。
ワンタンの皮に包んで揚げるだけの簡単レシピです。

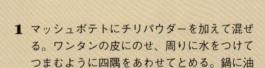

[材料：10個分]
- マッシュポテト（p.13参照）……………… 100g
- チリパウダー ……………………………… 小さじ1
- ワンタンの皮 ……………………………… 10枚
- 揚げ油 ……………………………………… 200㎖

1 マッシュポテトにチリパウダーを加えて混ぜる。ワンタンの皮にのせ、周りに水をつけてつまむように四隅をあわせてとめる。鍋に油を入れて中火にかけ、約180℃に熱する。
2 1の包みを3〜4個油に入れ、3分ほど加熱する。表面がカリッとしてきつね色になったら、取り出して油を切る。残りも同様に揚げる。

枝豆とチーズを一緒に包むとビールに合う一品に。

staub recipe **52**
春菊と帆立てのかき揚げ

ストウブを使えば、店で出るような分厚いかき揚げが自宅で作れます。
からっと香ばしい揚げ上がり。慣れてきたら、好きな食材で挑戦してみてください。

staub recipe **51**
アスパラとえびのかき揚げ

## staub recipe 51
## アスパラとえびのかき揚げ

[材料：4枚分]
| | | | |
|---|---|---|---|
| グリーンアスパラガス | 4本 | 冷水 | 150ml |
| 玉ねぎ | 1個 | 薄力粉 | 150g |
| むきえび | 8尾（約100g） | ベーキングパウダー | 小さじ1 |
| 卵 | 1個 | 揚げ油 | 200ml |
| 米酢 | 小さじ2 | | |

**1** アスパラガスは斜め薄切りに、玉ねぎは薄切りにする。むきえびはキッチンペーパーでよく水気をふく。バットに入れ、薄力粉（大さじ2）をまぶす。鍋に油を入れて中火にかけ、約180℃に温める。

**2** ボウルに卵を溶きほぐし、米酢、冷水を入れてよく混ぜる。残りの薄力粉、ベーキングパウダーを入れて軽く混ぜ、**1**を入れてさっと混ぜる。

☞ 酢は衣をカリッと、ベーキングパウダーはふわっとさせる効果がある。

**3** **1**の油に**2**の1/4量を入れる。箸で中央に穴を開け、すぐに蓋をして5分ほど加熱する。途中、蓋の隙間から蒸気が出てきたら、極弱火にする。

☞ 中央の穴は、かき揚げの厚みの1/2くらいまで入れる。

**4** スライドさせるようにさっと蓋を取り、中火にする。

**5** 中央の穴に箸を差し込み、持ち上げられる状態になったら裏返す。

☞ 持ち上げられず崩れるようなら、蓋を開けたままさらに中火で加熱する。

**6** 蓋を開けたままさらに3分ほど加熱し、表面がカリッとしてきつね色になったら、取り出して油を切る。残りも同様に揚げる。

材料を変えれば…

## staub recipe 52
## 春菊と帆立てのかき揚げ

春菊（1束／約200g）は3cm長さに切り、帆立て（100g）はよく水気をふき、共に薄力粉（大さじ2）をまぶす。鍋に油（200ml）を入れて中火にかけ、約180℃に熱する。「アスパラとえびのかき揚げ」の手順**2**以降と同様の手順で揚げる。

# 季節野菜で作る

staub recipe **53**

## 蒸しそら豆

皮がしわしわになれば蒸し上がり。
むきやすくなり、ほくほくの状態を食べられます。
オリーブ油やチーズと組み合わせれば、
きりっと冷やした白ワインに
よく合います。

staub 20cm

[材料：作りやすい分量]
そら豆 ……………………………… 1袋（約10本）

1 そら豆はさや付きのまま洗い、水滴をつけたまま鍋に入れて ⓐ 蓋をする。中火にかけ5分ほど加熱する。
2 上下を返し、蓋をして火を止め5分放置（余熱調理）する。この時、鍋の中はじゅうじゅうと音がして、鍋が温まってしっかり湯気が出ている状態。
3 さやから取り出し、薄皮をむいて塩やオリーブ油、すりおろしたパルミジャーノをつけて食べる。冷めてから取り出してもよい。

蒸したそら豆をごはんに混ぜ、塩で味を調えればそら豆ごはんに。

# 旬のおかず 春

## staub recipe 54 そら豆の豚バラ蒸し

玉ねぎからでる煮汁にとろみをつけて、ボリュームのある一品に仕上げました。たけのこを加えるとより春らしくなります。

[材料：4人分]

| | |
|---|---|
| 蒸しそら豆（p.70参照） | 10本分（正味100g） |
| 新玉ねぎ | 1個 |
| 新じゃがいも | 1個 |
| 豚バラ薄切り肉（焼き肉用） | 300g |
| オイスターソース | 大さじ2 |
| 酒 | 大さじ1 |
| 水溶き片栗粉　片栗粉 | 大さじ1 |
| 　　　　　　　水 | 大さじ2 |
| ごま油 | 小さじ2 |
| 塩 | 小さじ1 |

1 玉ねぎは粗みじん切りに、じゃがいもはよく洗い、皮ごと1cmの角切りにして水でさっと洗う。豚肉は食べやすい大きさに切り、塩をふる❶。
2 鍋にごま油、玉ねぎを入れて中火で熱し、しんなりするまで炒める。じゃがいも、豚肉を入れて軽く炒め❷、オイスターソース、酒を入れてひと混ぜし、蓋をする。
3 蓋の隙間から蒸気が出たら、極弱火にして5分ほど加熱する。
4 そら豆、水溶き片栗粉を加えて混ぜ、とろみをつける。塩（分量外）で味を調える。

## staub recipe 55
## 新じゃがの煮っころがし

ほくほくの食感がくせになる、ご飯がすすむ甘辛の味付けです。
できたてはもちろん、少し時間を置くと味がなじんでおいしくなります。

[材料：作りやすい分量]
新じゃが……………………………12個
　（約500g、直径3〜4cmの小粒のもの）
しょうゆ……………………………大さじ2
みりん………………………………大さじ2
オリーブ油…………………………大さじ2

**1** じゃがいもはよく洗う。鍋にオリーブ油とじゃがいもを入れ、蓋をして中火で5分加熱する。

**2** 全体をひと混ぜし（油がはねるので注意）、蓋をして極弱火で15〜20分加熱する。

**3** しょうゆとみりんを加え、蓋をして中火にする。蓋の隙間から蒸気が出たら、極弱火にして5分ほど加熱する。時々転がしながらとろみがつくまで加熱する ⓐ。塩（分量外）で味を調える。

staub recipe **56**

## グリーンピースと白身魚のレモンバター蒸し

蓋の隙間から蒸気が出たら3分間加熱するだけ。あっという間にでき上がります。白身魚がふっくら仕上がり、にんにくとバターの香りが食欲をそそります。

staub 20cm

[材料：2人分]

| | |
|---|---|
| グリーンピース | 正味100g |
| 新玉ねぎ | 1個 |
| 白身魚（さわら、鯛など）の切り身 | 2切れ |
| にんにく | 1かけ |
| レモン | 1/2個 |
| バター | 15g |
| オリーブ油 | 大さじ1 |
| 塩 | 小さじ1 |

1 グリーンピースはざるに入れて洗う。玉ねぎは1cm幅の薄切りに、にんにくはみじん切りにする。白身魚に塩をふる。
2 鍋にオリーブ油とにんにくを弱火で熱し、香りが出たら中火にして、バター、グリーンピース、玉ねぎを入れて軽く炒める。白身魚をのせ ⓐ、蓋をする。
3 蓋の隙間から蒸気が出たら、極弱火にして3分ほど加熱する。器に盛り、レモンを絞る。

## staub recipe 57
### 芽キャベツのアンチョビ炒め

緑の焼き色がおいしさを倍増させ、
アンチョビとにんにくの香りが食欲をそそります。

staub 20cm

[材料:2〜3人分]
- 芽キャベツ ……………………… 10個
- ブロッコリー ……… 1/2株分（約200g）
- にんにく ………………………… 1かけ
- アンチョビ …………… 3切れ（約10g）
- オリーブ油 …………………… 大さじ1
- 塩 ……………………………… 小さじ1/2

1. 芽キャベツはよく洗って半分に、ブロッコリーは小房に分け、にんにくとアンチョビはみじん切りにする。
2. 鍋にオリーブ油を中火で熱し、芽キャベツを炒める。ブロッコリーと塩を入れてひと混ぜし、蓋をして3分ほど加熱する。
3. にんにくとアンチョビを入れてひと混ぜしⓐ、火を止めて蓋をして5分放置（余熱調理）する。

## staub recipe 58
# 春野菜と鶏肉の食べるスープ

にんじん、きのこ類、新じゃが、アスパラガスなど好みの野菜をプラスしてアレンジできます。ローズマリー、オレガノ、セージなどのハーブ類もおすすめ。

[材料：4人分]

| | |
|---|---|
| 新玉ねぎ | 1個 |
| トマト | 1個 |
| 春キャベツ | 1/2個 |
| 鶏もも肉 | 1枚（約300g） |
| オリーブ油 | 大さじ1 |
| 塩① | 小さじ1/2 |
| 塩② | 小さじ1/2 |
| タイムなどのハーブ（お好みで） | 2〜3枝 |

1. 玉ねぎ、トマトは2cmの角切りに、キャベツは縦半分に切る。鶏肉は一口大に切り、塩①をふる ⓐ。
2. 鍋にオリーブ油を入れ、キャベツを置いて全体に塩②をふり、鶏肉、玉ねぎ、トマトをのせ ⓑ、蓋をして中火にかける。
3. 蓋の隙間から蒸気が出たら、極弱火にして30分ほど加熱する。火を止めてひと混ぜし、お好みでハーブを入れ、蓋をして冷めるまで放置（余熱調理）する。
4. 再び温め、塩（分量外）で味を調える。

## staub recipe 59 蒸し枝豆のバジルソース

そのままでもおいしい枝豆に、プラスαの一工夫。
さやを吸うとバジルが香る、夏らしい色合いの一品です。

staub 20cm

[材料：4人分]
枝豆（さやつき）⋯⋯⋯⋯⋯250g
バジルの葉⋯⋯⋯⋯⋯⋯⋯10枚
オリーブ油⋯⋯⋯⋯⋯⋯⋯50㎖
塩⋯⋯⋯⋯⋯⋯⋯⋯⋯⋯小さじ1

1. 枝豆は洗い、水滴をつけたまま鍋に入れる。塩をふり a 、蓋をして中火にかける。
2. 蓋の隙間から蒸気が出たら、火を止めてひと混ぜし、蓋をして3分放置（余熱調理）する。
3. バジルとオリーブ油をフードプロセッサーで撹拌し、粗熱を取った 2 と和える。

staub recipe **60**

# 焼きとうもろこし

皮についた水分だけで、
とうもろこしを蒸し焼きにするレシピ。
湯を沸かさないので短時間で調理でき、
甘みを強く感じられます。

staub 23cm

[材料：2本分]
とうもろこし……………………………2本（小さめ）
しょうゆ……………………………………大さじ1
塩……………………………………………小さじ1

1. とうもろこしは皮を数枚残してむき、さっと洗う。水滴をつけたまま、実に塩をもみこんで皮を戻す。ⓐ
2. 鍋にアルミホイルを敷いてとうもろこしを入れ、蓋をする。中火にかけ、5分加熱する。
3. 上下を返し、蓋をして中火で5分、極弱火で5分ほど加熱する。
4. 鍋の中で皮をトングなどではがし、しょうゆをかける。蓋をして10分放置（余熱調理）する。

- 23cmオーバルに、大きめのとうもろこしは1本、小さめは2本入る。
- 18～20cmラウンドで作る場合は、皮ごと包丁で切り、皮も一緒に蒸す。
- 中火で鍋をしっかり温め、あとは極弱火、もしくは余熱でじっくり火を通す。鍋が熱くなっていない場合は火が弱いので、再度中火で鍋を温めてから極弱火で調理する。
- 実が固い場合は、余熱でさらに10分ほど置く。

## staub recipe 61 ゴーヤーの豚みそ炒め

みそとみりんの甘みがゴーヤーの苦みをまろやかにします。
豆板醤を入れるとピリ辛味に。ご飯とお酒が進むおかずです。

staub 20cm

[材料：4人分]
- ゴーヤー（にがうり）……………1本
- 玉ねぎ……………………………1個
- 豚こま切れ肉……………………200g
- A
  - みそ……………………………大さじ2
  - みりん…………………………大さじ2
- オリーブ油………………………大さじ1
- 塩…………………………………小さじ1/2

1. ゴーヤーは縦半分に切り、スプーンでわたと種を取り1cm幅に切る。玉ねぎは薄切りにする。豚肉は3cm長さに切り、Aをふる。
2. 鍋にオリーブ油を中火で熱し、玉ねぎ、ゴーヤーの半量、豚肉、残りのゴーヤーの順に入れⓐ、蓋をする。
3. 蓋の隙間から蒸気が出たら、塩をふり、肉に火が通るまで混ぜる。

ⓐ

## [column]

## 万能ソース&ドレッシング

野菜をたっぷり使ったオリジナルソース。サラダや焼いた肉にかけたり、蒸した野菜につけて。冷蔵庫で1週間程度保存できます。

### staub recipe 62
### トマトソース

フリットにかけたり、バジルなどの好みのハーブを加えてパスタと絡めて。冷凍すれば1か月ほどもちます。

[材料:作りやすい分量] （staub 20cm）
- トマト……3個分（約600g）
- 玉ねぎ……1/2個
- にんにく……1かけ
- オリーブ油……大さじ2
- 塩……小さじ1

1 トマトは1cmの角切りに、玉ねぎとにんにくはみじん切りにする。
2 鍋にオリーブ油とにんにくを弱火で熱し、香りが出るまで加熱する。玉ねぎを入れて中火にし、しんなりするまで軽く炒める。
3 トマトを入れ、軽く炒めて塩をふり、蓋をして20分ほど加熱する。ブレンダー（またはミキサー）で撹拌する。

### staub recipe 63
### 豆乳のバーニャカウダソース

豆乳なのでとてもヘルシー。サラサラとしたさっぱり味です。サラダにかけたり生野菜につけてどうぞ。

[材料:作りやすい分量] （staub 14cm）
- にんにく……50g
- アンチョビ……20g
- 成分無調整豆乳……100ml
- エキストラバージンオリーブ油……50ml

1 にんにくは薄切りにする。
2 鍋にオリーブ油、にんにく、アンチョビを中火で熱し、ふつふつと小さな泡が出てきたら、極弱火にして蓋をして10分ほど加熱する。
3 火を止めて豆乳を入れ、ブレンダー（またはミキサー）で撹拌する。

### staub recipe 64
### 焦がし玉ねぎのドレッシング

ゆずがさわやかに香ります。鍋の具材や鶏の煮込みにかけたり、ステーキソースとしても楽しめます。

[材料:作りやすい分量] （staub 20cm）
- 玉ねぎ……2個
- ゆず……1個
- 米酢……25ml
- エキストラバージンオリーブ油……100ml
- オリーブ油……大さじ1
- 塩……小さじ1

1 玉ねぎは繊維に直角に薄切りにする。ゆずは果汁を絞り、皮の黄色い部分（1/2個分）はせん切りにする。
2 鍋にオリーブ油を中火で熱し、玉ねぎを炒める。あめ色になったら塩をふり、蓋をして極弱火で10分ほど加熱する。
3 火を止めて1のゆずの皮、ゆず果汁、米酢、エキストラバージンオリーブ油を加え、ブレンダー（またはミキサー）で撹拌する。

# 野菜のポタージュ

野菜のおいしさを豆乳で包み、まるごとスープでいただきます。

## staub recipe 65　玉ねぎのポタージュ

とてもシンプルな材料で、玉ねぎの甘さに驚くレシピです。
玉ねぎは水分が出やすく失敗しづらいので、初めて作る人におすすめです。
※他のポタージュもすべて同じ手順で作ります。

[材料：4人分]
- 玉ねぎ……………………3個
- 成分無調整豆乳……………500ml
- 塩①………………………小さじ1
- 塩②………………………少々
- こしょう…………………少々
- オリーブ油………………大さじ1

豆乳をプラスしています
staub 20cm

**1** 玉ねぎは繊維に直角に薄切りにする。

**2** 鍋にオリーブ油を中火で熱し、玉ねぎを入れて塩①をふる。ひと混ぜし、蓋をする。

**3** 蓋の隙間から蒸気が出たらひと混ぜし、蓋をして極弱火で10分ほど加熱する。

**4** しんなりしているようなら火を止め、蓋をしたまま10分放置（余熱調理）する。

**5** 4をミキサーに移し、豆乳を加えて撹拌する。ハンドブレンダーなら鍋の中で撹拌する。

**6** 鍋に戻して中火で温め、塩②で味を調える。器に盛り、お好みでこしょうとオリーブ油（分量外）をふる。

- 焦げつきを避けるために、蒸気が出たあとひと混ぜする。
- 豆乳の量はお好みで調整する。
- 豆乳は沸騰させると分離するので、中火でよく混ぜながら湯気が出るくらいに温める。
- ハンドブレンダーを使う際は、鍋を傾けて深くなったところを混ぜる。

野菜は玉ねぎだけしか使いませんが、
濃厚な味に仕上がります。
玉ねぎの量を増やせば甘さが増します。
新玉ねぎでつくると水分が出やすくなり、
甘みがさらに強くなります。

## 玉ねぎのポタージュ

## staub recipe 66 里いもと長ねぎのポタージュ

ねばりととろみのあるスープ。長ねぎの甘さを楽しんでください。
お腹にたまるので、パンと一緒に食べればこれだけで満腹に。

staub 20cm

[材料：4人分]
- 里いも……………………5個
- 長ねぎ……………………3本
- 成分無調整豆乳……………600ml
- オリーブ油………………大さじ1
- 塩①………………………小さじ1
- 塩②………………………少々
- こしょう…………………少々

1 里いもは皮をむいて1cm厚さに切り、よく洗ってぬめりを取る 。長ねぎは斜め薄切りにする。

2 鍋にオリーブ油を中火で熱し、1を入れる。塩①をふってひと混ぜし、蓋をする。

3 蓋の隙間から蒸気が出たらひと混ぜし、蓋をして極弱火で10分ほど加熱する。長ねぎがしんなりしているようなら火を止め、蓋をしたまま10分放置（余熱調理）する。

4 3をミキサーに移し、豆乳を加えて撹拌する。ハンドブレンダーなら鍋の中で撹拌する。

5 鍋に戻して中火で温め、塩②で味を調える。器に盛り、お好みでこしょうとオリーブ油（分量外）をふる。

## staub recipe 67 かぼちゃとにんじんのポタージュ

野菜の甘さと鮮やかなオレンジ色が子どもに人気のスープです。
パンにつけたり、お好みでオリーブ油や黒こしょうをかけて。

[材料：4人分]
- かぼちゃ……………1/4個（約300g）
- にんじん……………………………1本
- 玉ねぎ………………………………2個
- 成分無調整豆乳……………………600ml
- オリーブ油………………………大さじ1
- 塩①………………………………小さじ1
- 塩②…………………………………少々
- こしょう……………………………少々

1. かぼちゃは皮をむいて薄切りにする。にんじんは5mm厚さのいちょう切りにする。玉ねぎは繊維に直角に薄切りにする。
2. 鍋にオリーブ油を中火で熱し、1を入れる。塩①をふってひと混ぜし、蓋をする。
3. 蓋の隙間から蒸気が出たらひと混ぜし、蓋をして極弱火で10分ほど加熱する。しんなりしているようなら火を止め、蓋をしたまま10分放置（余熱調理）する。
4. 3をミキサーに移し、豆乳を加えて撹拌する。ハンドブレンダーなら鍋の中で撹拌する。
5. 鍋に戻して中火で温め、塩②で味を調える。器に盛り、お好みでこしょうとオリーブ油（分量外）をふる。

# staub recipe 68 きのこのポタージュ

きのこは一年中手に入る手軽な食材なので、作りやすく豆乳との相性も抜群。えのきやエリンギなど、好みのきのこを加えてもおいしく仕上がります。

staub 20cm

[材料：4人分]
- しめじ ……………… 1袋（約160g）
- マッシュルーム ……… 1袋（約150g）
- 玉ねぎ ……………………………… 2個
- 成分無調整豆乳 …………………… 600mℓ
- オリーブ油 ………………………… 大さじ1
- 塩① ………………………………… 小さじ1
- 塩② ………………………………… 少々
- こしょう …………………………… 少々

1. きのこは石づきを切り、しめじはほぐし、土が付いているようならキッチンペーパーで拭く。玉ねぎは繊維に直角に薄切りにする❶。
2. 鍋にオリーブ油を中火で熱し、1を入れる。塩①をふってひと混ぜし、蓋をする。
3. 蓋の隙間から蒸気が出たらひと混ぜし、蓋をして極弱火で10分ほど加熱する。しんなりしているようなら火を止め、蓋をしたまま10分放置（余熱調理）する。
4. 3をミキサーに移し、豆乳を加えて撹拌する。ハンドブレンダーなら鍋の中で撹拌する。
5. 鍋に戻して中火で温め、塩②で味を調える。器に盛り、お好みでこしょうとオリーブ油（分量外）をふる。

staub recipe **69**

## さつまいものポタージュ

ほんのり甘いさつまいもの風味が楽しめるスープ。
皮をつけたまま調理してもいいですが、
スープの色が変わります。
皮をむいてから水で洗うと
きれいな色に仕上がります。

staub 20cm

staub recipe **70**

## かぶのポタージュ

水分が出やすいので、
失敗の少ないレシピです。
白くきれいに仕上がり、皮ごと使う
ので無駄がありません。
冬の定番スープとして
楽しんでください。

staub 20cm

**1** さつまいも(1本)は皮をむき、輪切りにして水にさらし、水気を切る。玉ねぎ(2個)は繊維に直角に薄切りにする。
**2** 「玉ねぎのポタージュ」(p.81)**2～6**と同様の手順で作る。
※その他の材料は同量。

**1** かぶ(4個)は皮ごと半月切りにする。玉ねぎ(2個)は繊維に直角に薄切りにする。
**2** 「玉ねぎのポタージュ」(p.81)**2～6**と同様の手順で作る。
※その他の材料は同量。

staub recipe **71**

## トマトのポタージュ

甘みが強く酸味があり、口あたりがさわやか。
冷やして食べてもおいしいので、
食欲のない夏にもおすすめです。

staub 20cm

1 トマト（2個）は2cmの角切りにする。玉ねぎ（1個）は繊維に直角に薄切りにする。
2 「玉ねぎのポタージュ」(p.81)**2〜6**と同様の手順で作る。
※その他の材料は同量。

# 野菜のごはん

野菜の旨みと甘みを
ごはんが吸い込み、
芯までおいしく炊き上がります。
おこげも楽しみの一つ。

## staub recipe 72　白米の炊き方

ストウブで炊くと一粒一粒がたち、ふっくらつやつやに。
鍋のまま食卓に出せるので、温かさがキープできます。

[材料：4人分]
- 米 ……………… 2合
- 水 ……………… 360mℓ

staub 20cm

水をプラス
しています

**1** ボウルに米と水（分量外）を入れ、手でぐるぐると混ぜて洗い、水を手早く捨てる。

**2** 米が浸かるくらいの水（分量外）を入れ、20分ほど浸水させる。

**3** ざるに上げ、5分ほど置く。

**4** 鍋に3と分量の水を入れ、蓋を開けたまま中火にかける。

**5** 小さな泡で沸騰し始める。

**6** 次第に全体から湯気が出て、ねっとりとした大きなしゃぼん玉のような大きな泡が一部に出始めたら、しゃもじでひと混ぜする。

**7** 全体がしっかり沸騰したのを見届けてから蓋をする。極弱火にし、10分ほど加熱する。

**8** 火を止め、蓋をしたまま10分蒸らす。

**9** 全体をさっくりと混ぜる。

staub recipe **73**
とうもろこしご飯

staub recipe **74**
しょうが大根飯

# staub recipe 73
## とうもろこしご飯

たっぷり入れたとうもろこしの甘さが
ご飯に移り、黄色が食卓を華やかに彩ります。
芯を入れて炊くと香りを
より強く感じます。

[材料：4人分]
とうもろこし ……………………………… 1本
米 ………………………………………… 2合
水 …………………………………… 360㎖
塩 ……………………………………… 小さじ1

1 とうもろこしは皮を取り、長さを半分にし、包丁で実をこそげ取る。
2 p.89の①〜⑥と同様の手順で白米を炊く（④で塩を入れる）。
3 しっかり沸騰したのを見届けてから①の芯と実をのせ ⓐ、蓋をして極弱火にし、15分ほど加熱する。
4 火を止め、蓋をしたまま10分ほど蒸らす。芯を取り、全体をさっくりと混ぜる。

☞ 同様の手順で、グリーンピースご飯やさつまいもご飯が作れます。

# staub recipe 74
## しょうが大根飯

しょうがとしょうゆが
大根にしみ込んで味わい深く。
ぴりっときいたしょうがと、
おこげの香ばしさがアクセントに。

[材料：4人分]
大根 …………………………… 1/8本（約150g）
しょうが ………………………………… 1かけ
米 ………………………………………… 2合
水 …………………………………… 330㎖
しょうゆ ……………………………… 大さじ1
酒 …………………………………… 大さじ1
塩 ……………………………………… 小さじ1

1 大根は1㎝角に、しょうがは千切りにする。米はp.89の①〜③と同様の手順で浸水し、ざるに上げる。
2 鍋に米、分量の水、しょうゆ、酒、塩を入れ中火にかける。全体から湯気が出てねっとりとした大きな泡が出始めたらひと混ぜし、しっかり沸騰したのを見届けてから大根、しょうがをのせる。
3 蓋をして極弱火にし、15分ほど加熱する。火を止め、蓋をしたまま10分蒸らし、全体をさっくりと混ぜる。

☞ 大根のかわりに薄切りのごぼう1/2本を入れるとごぼう飯になります。

## staub recipe 75 野菜としらすのピラフ

洋食の横に添えると華やか。ブロッコリーやきのこを加えるとさらに味わい深くなります。パセリを削り節に変えると和風に変身。

[材料：4人分]

| | |
|---|---|
| 玉ねぎ | 1/2個 |
| にんじん | 1/2本 |
| グリーンアスパラガス | 4本 |
| しらす | 30g |
| 米 | 2合 |
| 水 | 360㎖ |
| バター | 20g |
| オリーブ油 | 大さじ1 |
| 塩 | 小さじ1 |
| イタリアンパセリ（お好みで） | 適量 |

1 米はp.89の1〜3と同様の手順で浸水し、ざるに上げる。玉ねぎ、にんじん、イタリアンパセリはみじん切りに、アスパラガスは輪切りにする。

2 鍋にオリーブ油を中火で熱し、玉ねぎを炒める。透き通ってきたら米を入れ、米が熱くなるまで炒めたら分量の水、塩を入れる。

3 全体から湯気が出てねっとりとした大きな泡が出始めたらひと混ぜし、全体が沸騰したらにんじん、アスパラガスをのせⓐ蓋をする。

4 極弱火にし、15分ほど加熱する。火を止め、蓋をしたまま10分蒸らす。しらすとバターを入れて軽く混ぜ、お好みでイタリアンパセリをかける。

## staub recipe 76 野菜のおこわ

肉は入っていませんが、野菜の旨みでおいしく炊きあがります。
炊く時間と蒸らし時間をしっかりとってください。

[材料:4人分]
| | |
|---|---|
| にんじん | 1/4本 |
| いんげん | 5本 |
| さつまいも | 100g |
| しめじ | 1/2袋（約80g） |
| もち米 | 2合 |
| 水 | 270㎖ |
| しょうゆ | 大さじ1 |
| 酒 | 大さじ1 |
| 塩 | 小さじ1 |

**1** もち米はp.89の①〜③と同様の手順で浸水し（10分）、ざるに上げる。にんじんは千切りに、いんげんは斜め薄切りに、さつまいもは皮つきのまま1㎝角に切り水にさらす。しめじは石づきを切ってほぐす。

**2** 鍋にもち米、分量の水、しょうゆ、酒、塩を入れて混ぜ、蓋を開けたまま中火にかける。

**3** 小さな泡で沸騰し始めたら、にんじん、さつまいも、しめじ、いんげんの順に火の通りにくいものからのせる ⓐ 。

**4** 蓋をして極弱火にし、20分ほど加熱する。火を止め、蓋をしたまま20分蒸らし、全体をさっくりと混ぜる。

☞ もち米の場合は、③で沸騰してから混ぜなくてよい。

## staub recipe 77
### 丸ごとトマトのリゾット

トマトを崩しながら皿に盛るので、パーティーなどの大人数で食べる時におすすめです。豚バラ肉をベーコンに変えても。
仕上げのパルミジャーノと黒こしょうはぜひ挽きたてを。

staub 20cm

[材料:4人分]

| | |
|---|---|
| トマト | 1個 |
| 玉ねぎ | 1/2個 |
| グリーンアスパラガス | 3本 |
| 豚バラかたまり肉 | 200g |
| 米 | 2合 |
| 熱湯 | 500㎖ |
| パルミジャーノレッジャーノ | 30g |
| 黒こしょう | 少々 |
| オリーブ油 | 大さじ1 |
| 塩 | 小さじ2 |

1 トマトはへたを取る。玉ねぎはみじん切りに、アスパラガスは1㎝長さに切る。豚肉は細切りにする。

2 鍋にオリーブ油を中火で熱し、玉ねぎと豚肉を入れてよく炒める。玉ねぎがしんなりしたら、米を洗わずに加え、米が熱くなるまで炒める。

3 熱湯、塩を入れてひと混ぜする。全体が沸騰したら、アスパラガス、トマトをのせa、蓋をして極弱火で15分ほど加熱する。

4 トマトを崩しながら混ぜ、パルミジャーノ、黒こしょうをふる。

## staub recipe 78

### 中華粥

ボリュームを出すために鶏肉の量を多めにしました。
鶏から出た旨みを米が吸って全体をまとめています。
食欲のない時や疲れた時、元気を出したい時におすすめです。

staub 20cm

[材料：4人分]

| | |
|---|---|
| 長ねぎ | 1/2本 |
| しょうが | 1かけ |
| 鶏手羽元 | 4本 |
| 鶏もも肉 | 1枚（約300g） |
| 米 | 1合 |
| 水 | 500㎖ |
| クコの実 | 10g（あれば） |
| ごま油 | 大さじ1 |
| 塩① | 小さじ1 |
| 塩② | 小さじ1 |

1 米はp.89の1～3と同様の手順で浸水し、ざるに上げる。長ねぎはみじん切りに、しょうがは千切りに、手羽元は骨にそって切り込みを入れる。鶏もも肉は4等分に切り、手羽元と共に全体に塩①をふる。クコの実はさっと洗う。

2 鍋に米、分量の水、長ねぎ、しょうが、鶏肉、クコの実を入れて中火で熱しⓐ、蓋をする。

3 蓋の隙間から蒸気が出たら、極弱火で30分ほど加熱する。仕上げにごま油、塩②を入れて混ぜる。

**大橋由香**（おおはし・ゆか）

料理研究家、「ストウブビストロ　はるひごはん」店主。企業とのレシピ開発、雑誌やWEBでのレシピ紹介、フードコーディネート、イベント講師等で活動。月数回料理教室を開催。著書に『ストウブで無水調理』（誠文堂新光社）、『繰り返し作りたくなる！ スープレシピ』（エイ出版社）、『「ひと手間」でおいしさと幸せひろがる 今夜はごちそう煮込み』（ナツメ社）、『ストウブはじめまして』（家の光協会）がある。

ストウブビストロ　はるひごはん
神奈川県厚木市幸町 1-14
http://haruhigohan.com/

| | |
|---|---|
| 調理協力 | 片山愛沙子、佐藤あづさ、三輪愛、山田陽菜 |
| 撮影 | 鈴木信吾（SKYLIFE studio） |
| スタイリング | つがねゆきこ |
| アートディレクション | 藤田康平（Barber） |
| デザイン | 藤田康平、白井裕美子（Barber） |
| イラスト | 林舞（ぱんとたまねぎ） |
| 編集 | 古池日香留 |

道具協力……STAUB（ストウブ）
ツヴィリング J.A. ヘンケルス ジャパン
0120-75-7155
www.staub.jp

器協力………陶芸家　大渕由香利
撮影協力……AWABEES
〒151-0051
東京都渋谷区千駄ヶ谷 3-50-11 明星ビルディング 5F
03-5786-1600

# ストウブで無水調理　野菜

食材の水分を使う調理法／旨みが凝縮した野菜のおかず　　NDC596

2019 年 4 月 15 日　発　行

| | |
|---|---|
| 著　者 | 大橋由香（おおはし ゆか） |
| 発行者 | 小川雄一 |
| 発行所 | 株式会社 誠文堂新光社<br>〒 113-0033　東京都文京区本郷 3-3-11<br>TEL　03-5805-7285［編集］<br>　　　03-5800-5780［販売］<br>URL　http://www.seibundo-shinkosha.net/ |
| 印刷・製本 | 大日本印刷 株式会社 |

© 2019,Yuka Ohashi.　　Printed in Japan
検印省略　禁・無断転載
落丁・乱丁本はお取り替え致します。

落丁・乱丁本はお取り替え致します。本書掲載記事の無断転用を禁じます。
また、本書に掲載された記事の著作権は著者に帰属します。これらを無断で使用し、
ワークショップ、料理教室、講習会、インターネット上での販売、および商品化等を行うことを禁じます。

本書のコピー、スキャン、デジタル化等の無断複製は、著作権法上での例外を除き、禁じられています。
本書を代行業者等の第三者に依頼してスキャンやデジタル化することは、たとえ個人や家庭内での利用であっても著作権法上認められません。

JCOPY 〈（一社）出版者著作権管理機構 委託出版物〉
本書を無断で複製複写（コピー）することは、著作権法上での例外を除き、禁じられています。
本書をコピーされる場合は、そのつど事前に、（一社）出版者著作権管理機構（電話 03-5244-5088 ／ FAX 03-5244-5089 ／ e-mail:info@jcopy.or.jp）の許諾を得てください。
ISBN978-4-416-51925-7